股权资本

GUQUAN ZIBEN

林正光◎著

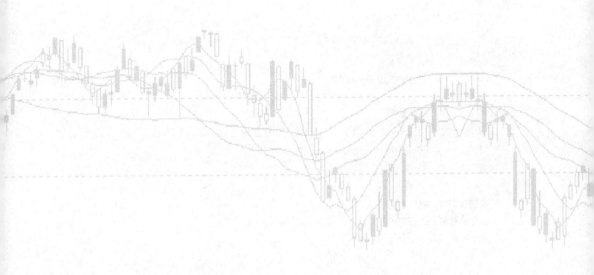

经济管理出版社

ECONOMY & MANAGEMENT PUBLISHING HOUSE

图书在版编目（CIP）数据

股权资本/林正光著 .—北京：经济管理出版社，2018.8
ISBN 978-7-5096-5855-0

Ⅰ.①股⋯ Ⅱ.①林⋯ Ⅲ.①股权管理—研究 Ⅳ.①F271.2

中国版本图书馆 CIP 数据核字（2018）第 141042 号

组稿编辑：张　艳
责任编辑：任爱清
责任印制：黄章平
责任校对：王淑卿

出版发行：经济管理出版社
　　　　　（北京市海淀区北蜂窝 8 号中雅大厦 A 座 11 层　100038）
网　　址：www. E-mp. com. cn
电　　话：(010) 51915602
印　　刷：三河市延风印装有限公司
经　　销：新华书店
开　　本：720mm×1000mm/16
印　　张：14
字　　数：214 千字
版　　次：2018 年 10 月第 1 版　2018 年 10 月第 1 次印刷
书　　号：ISBN 978-7-5096-5855-0
定　　价：46.00 元

序　一

　　面对巨变的环境，不论个人、组织、企业、社会或国家都要再造生机，诚如大师彼得·杜拉克所提及的，要拥有创新和企业家精神。解决日益严重的贫富差距问题，鼓励创业是有效的方案，不过创业绝不是简单的路途，除了创业的热情与抱负之外，还需要适合的资源和团队。然而，不乏有好创意、好产品、好团队的初创企业却无法顺利发展，归根结底在于人性经不起考验，而其中很大一部分出自合伙人的股权分配问题。

　　凡事预则立，不预则废。初创事业时，合伙成员通常在相互信任和激情激发下全力投入，但是缺乏对股权资本的全盘理解；等到事业发展起来，不对称的资源投入、同工不同酬、努力与收获不成比例，都将导致企业的分崩离析；合伙成员面对彼此的情谊和残酷的现实，内心的煎熬只有当事人才能体会。林正光老师在其著作《股权资本》一书中即明白地揭示了其中的道理。基于他多年的研究和丰富的经历，本书在股权的分配、进出场机制、股权激励模式、股权众筹和股权分置改革等领域所提出的观念和见解，创业者阅后必将获益良多。本书内容深入浅出、举例翔实、实操性强，是创业者必备的读物，书中列举的成功的股权操作典范更是值得借鉴。

　　长年从事人力评鉴和人力盘整，我深知不当的绩效管理几乎能毁掉团队。优质的核心团队才是生产力的中心，林正光老师认为绩效管理培养的是职业经理人，股权激励培养的是优秀的事业合伙人，股权激励从人性本善的角度出发，它反映着公司的企业文化，更是推动战略目标达成的手段，进而实现公司价值的最大化。人力素质模型让团队成员各得其所，股权运作模式是展才、留才的关键。

　　发展自我意识是一个人最重要的愿景，天赋才能与世界需求的交会之处，就是使命所在，虽然奉献精神源于良知，但却根植于共创、共担、共享的文化内。《股权资本》所传达的信息可能比你想象的还多，通过这本书的铺陈我想到了老子的一段话："太上，不知有之。其次，亲而誉之。其次，畏之。其次，侮之。信不足焉，有不信焉。悠兮其贵言。功成事遂，百姓皆谓'我自然'。"希望未来的企业都能有这般境界。

BGDE 大脑基因解码

总经理　阙雅萍

序 二

首先恭喜林正光老师新书出版。

与林老师认识已经有整整一年的时间，一路走来，林老师就像一本百科全书，从心理学到企业管理，从一个人、一个家庭到国家发展局势，乃至世界发展形势都有其独到的见解和深入浅出的讲解。在林老师的悉心指导下，我们尚雅媛国际医疗——一个全新的企业在健康稳步发展，此书的出版又给我提供了更加宽广的思路、更高的管理格局。

我很喜欢这句宣传语：现代企业不再需要职业经理人，而是需要事业合伙人！

全世界最差的股权结构就是股东平分股权。

股权布局不好，兄弟变仇人，老板别人做，竞争对手挖墙脚。

采取股权激励措施，才能打造人才的"金手铐"。

合伙人时代给我们提供了科学的理论指导，感谢人生的智慧和心灵导师——林正光老师。

尚雅媛国际医疗　齐伽婠

2018 年 1 月 18 日

序 三

彼得·圣吉（Peter M. Senge）大师提出的学习型组织在今天是极为重要的概念。所谓学习型组织，是指从组织、团体到个人，每个人都要培养学习精神，不管是高层管理人员、中层管理人员还是底层人员，每个人都要乐于学习。随着时代的变迁、全球化的影响，在贫富差距悬殊、竞争激烈的时代，学习新知识或不断学习乃是不可忽视的事，身为创业者的我则认为，股权相关知识是每个企业创始人都应学习的重要知识，对于企业培养人才、达成企业目标有重大帮助。

不论之前是否听过或是学过股权相关概念，我认为《股权资本》一书皆能给你带来不同的体验与感受。本书通过浅显易懂的文字叙述，并辅以实际例子说明，带领读者走入股权的世界。林正光老师凭借多年的专精与研究，在股权分配、股权众筹、进出场机制等领域都有其独特的见解、精辟的评析，定会让读者受益匪浅。

身为企业家、创业者、老板或是领导者都应该具备用激励理论与绩效管理相关知识来达成组织目标的能力，而本书中提起的股权分配不仅是激励方法，更是一种用以提升组织绩效的方式！通过本书，对于了解股权、如何运用股权分配来达成组织目标并提升组织绩效，我有了更深入的体会，且认为掌握股权是老板、创业者与领导者都应具备的能力。

看完此书，我想起行政决策者的思维修炼方式中的非均衡思考模式，此种思考模式要求我们应多元、弹性地思考。浑沌理论学者曾提出过"蝴蝶效应"（The Butterfly Effect），即微小且重要的改变，可能形成关键性的转型效果。《股权资本》或许只是一本书，但可能成为影响生命和企业的关键突破点。

巨秾生医国际医疗

董事长　何春儿

2018 年 1 月 20 日

序 四

　　认识林老师已经 15 年了，几乎每隔一年我们都会见一次面，每次都会如最好的朋友一般无话不谈。每一次见面他都会让我刷新之前对他的认知，这是因为林老师总是在"变化"。他的学习能力特别强，让我十分佩服，其所涉猎的领域，也许别人就是想一想，而他一旦想到，就会去研究，然后学以致用。你也许无法想到，人到中年的他还考取了潜水证。2017 年我们在成都见面，当时的他正在深入研究学习股权分配，这是一门高深且特别实用的知识。现在，作为一名创业者，我深感这本书就是专门为我这样的人而写的，分析全面，内容翔实，案例丰富，简直就是一本创业管理者必备的"宝典"！

　　所以，无论如何，我都要推荐！

"漫成都"创始人、资深媒体人
2018 年 2 月 3 日

前　言

　　讨论股权资本是时代使然，因为这是一个股权时代，股权从来没有像现在这样重要过。

　　改革开放 40 年来，中国经济高速增长。20 世纪 80 年代，各类物资紧缺，什么东西都没有，只要开家工厂，就能赚钱；90 年代，资源和信息不对称，开家贸易公司，就能赚钱；2000 年后，国家 M2 货币总量不断增加，货币贬值，随着国家城镇化战略的实施，只要买套房，就能挣钱；进入 21 世纪后，经济增长速度放缓，货币总量不断增加，物资充盈，全球的商品都可以通过网络进行销售，老百姓手中的房子也足够多，资产荒时代到来，即使绞尽脑汁，挣钱也成了一件不容易的事……

　　其实，不是我们挣不到钱了，而是挣钱的方式变了。如今，阿里巴巴、腾讯、京东、华为等依然在创造企业神话，股权投资人依然赚得盆满钵满。十年前的我们，却不知道阿里巴巴，机会就这样白白错过；十年后的今天，由于政策支持、市场需要、新三板机会，股权投资已然来到我们身边，只要抓住这个十年，就能实现资本的快速积累。

　　股权是企业的基石，当然，股权资本在具体实施中比较复杂，会涉及企业管理和财务运作等各个方面的许多问题。为帮助企业对股权资本"如何运作"的问题做出决策判断，《股权资本》一书重点围绕股权的策划与落地、进入和退出机制设计、团队股权分配实务、股权激励原则与方式、股改要务操作指南等问题展开讨论，将股权这一抽象的概念具体化，同时更注重实用性。书中的内容由浅及深、循序渐进，通过大量专业实用的案例，助力老板、股东及高管解决企业在人才、资金、资源等方面遇到的难题。

目　录

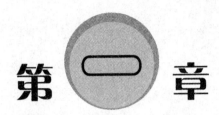

第一章

股权的策划与落地

　　股权分配，是合伙人做出的最为困难的决定之一，但也是企业开始运作之前必须首要解决的问题。股权分配中需要考量众多因素，虽然这个问题没有"一刀切"的解决方案，但并非没有标准。本章探讨了股权策划与落地的途径和方法，旨在尽可能地让股权简单化、透明化，直截了当，便于操作。

为什么要股权分配？

股权分配是股东基于其股东资格而享有的，从公司获得经济利益，并参与公司经营管理的权利。一套有效的股权布局机制对企业发展至关重要。现实中有许多公司的老板因为不懂股权，致使公司天天上演股权大战，公司业绩、利润及工作积极性都大幅受损，有的创始人被踢出局，有的甚至在公司发展最好的时机解散。同时，不合理的股权布局，也得不到风投的投资。

股权分配虽然没有一定之规，但原则是"建立在以公司价值为导向的基础上，量化合伙人的贡献"，目的是明晰每个合伙人长期的责、权、利，同时也能有效避免股权大战。

☞明晰合伙人的责、权、利

中国的民营企业，可以说90%以上是从"合伙人制"起步，只是前期的合伙人多是以家人、朋友、同学为主导一起打拼江山。合伙人"合"的是什么？是基于信任的未来眼光。

阿里巴巴的马云当初带领"十八罗汉"以月薪500元/人创办事业，从某种程度上说，这"十八罗汉"就是马云的创始合伙人。他们18个人为什么愿意只拿每月500元的薪水？就是因为他们看好阿里的前途，更相信马云能带领他们走向辉煌，看到的是未来。《马云的坎》一书中说："十八罗汉"在创业的前期也曾宣泄、哭泣、辩解与不愉快，而最终的不离不弃，源于合理的、透明的股权体系制度。

马云是成功的，也是幸运的，紧追其后的"十八罗汉"也是成功的、幸运的。马云成功了，但多数人却失败，且众多企业是死在股权分配问题上，因为体系设计不合理。无数案例告诉我们，合伙人制企业要想走得远、飞得高，不能依赖家人的包容、朋友的友谊、同学的情怀，不管在任何时候，都不能用"利益"来考验朋友对你的忠诚。大家能够走到一起合伙创办一番事业，固然需要情怀，但最终目的是为了实现实际利益。如何来体现各自的利益和价值回报，对于创业型公司来说，最重要的一点就是股权比例。

明确责任、权力和利益不仅有助于公司的稳定和发展，也方便在资本市场的融资。现在投资市场跟你谈投资的时候，会关注你的产品、关注你的市场、关注你的进展、关注你的情怀，更关注你的股权架构的合理性。如果你的股权架构不合理，哪怕是再有赢利能力的项目，他们都不愿掺和进来。特别是想走 IPO 这个目标的创业公司，资本市场一定要求你的股权结构要明晰、合理。

☞防止股权大战

股权大战就是股权之争，即对公司控制权的争夺。股份不仅决定着各股东对公司的所有权、收益处分权，还承担着相应的风险，所以在股份公司里，大家都要听从股份占比最高的人。如果你持有公司 51% 的股权，不管其他股东怎么联合，都不会超过 49%，一切都要由你说了算。

发生股权之争，通常有两种情况：

一种情况是，公司规模比较大，各股东都没有超过 51% 的绝对控股权，为了争夺控股权，就要跟其他股东联合；或是在二级市场购买上市流通的股票，增加自己的持股比例，获得最大的股权比例，争取最大的发言权。

另一种情况是，有些公司产权不明晰，如某公司被个人收购后经营得很好，但在从计划经济转型到市场经济的过程中，国家使用行政手段收回所有权，这时也会发生股权之争。

现实中，较为常见的是前一种情况。

在"西少爷"成立之初，只有孟兵、宋鑫、罗高景三人，股份占比分别为 40%、30%、30%。第一个创业项目失败后，转型做肉夹馍，随着袁泽陆的加入，共有了四名创始人。

在引入投资、协商股权架构的过程中，创始人盂兵、宋鑫之间的矛盾被彻底激化。与投资人商讨投资细节时，盂兵的意见是：为了公司的海外发展，可以组建 VIE 结构。最终，他获得了 3 倍于其他创始人的投票权。其他三人都感到很意外，罗高景和袁泽陆只接受 2.5 倍的投票权，宋鑫却始终没有同意。于是，一场漫长的股权之争就此开始。开始的时候，宋鑫被踢出管理层；之后，宋鑫另起炉灶，创建"新西少"肉夹馍；最后，"新西少"肉夹馍也因为分红等问题打起了官司。

"西少爷"之所以会发生股权之争，根本原因还在于股利分配不均。创业初期，企业运作比较艰苦，各股东可以共患难；企业发展起来后，看到金钱和利益，有些人就会蒙蔽双眼、迷失心智，如果股权不明确，类似的争夺就会发生。所以，创业前一定要合法合理地明确分配好股权，提前设计好股权结构，明确相应的责任和规则。

股权分配原则：合法、合规、合利

股权分配是"分天下"的制度设计，应该遵循合法、合规、合利的原则。只有遵循股权分配原则，才能合理确定出资比例、持股比例、分红比例和表决权比例。

☞合法合规：内部决议、外部审批

所谓股票发行和转让合法合规是指，公司的股票发行和转让依法履行必要的内部决议、外部审批程序。这里，股票转让必须符合限售的规定：

（1）公司股票发行和转让行为合法合规，不得存在下列情形：

1）最近 36 个月内未经法定机关核准，擅自公开或者变相公开发行过证券；

2）违法行为虽然发生在 36 个月前，目前依然处于持续状态，但《非上市公众公司监督管理办法》实施前形成的股东超过 200 人的股份有限公司经中国证监会确认的除外。

（2）公司股票的限售安排要符合《公司法》和《全国中小企业股份转让系统业务规则（试行）》的有关规定。公司在区域股权市场及其他交易市场进行融资及股权转让的，股票发行和转让等行为应合法合规；在向全国中小企业股份转让系统申请挂牌前应在区域股权市场及其他交易市场停牌或摘牌，并在全国中小企业股份转让系统挂牌前完成在区域股权市场及其他交易市场的摘牌手续。

在中国资本市场上发生的"万科股权之争"是可以写进教科书的经典公司治理案例。

宝能系从二级市场上直接收购万科股权后，成为第一大股东，要求进入董事会行使自己的主导权，参与投票、选择经营管理层和决策重大事件，这是资本的自然诉求。

在经济运行中，产权制度的设计和与之匹配的公司治理游戏规则是资本为王和资本主导，其是商业文明的基石，与个人感情好恶无关，绝不能随意动摇。只有让资本所有者做最终决策人、获取剩余收益索取权、为自己的决策承担最终责任，才能提高现代市场经济的运行效率。因此，在宝能系的一系列诉求表达中，都不存在善与不善的问题，更没有"血洗"的因子，而是资本权利的内在要求。

从这个意义上来看，万科股权之争就是一个简单的"一个新进入的老板，欲替换原先看不起他的伙计"的故事。同时，王石和管理团队采取有效措施反击恶意收购，阻止宝能系入主万科董事会，直接保护的是管理者利益，这也是管理团队享受的权利和应尽的职责。

对于这起万科股权之争事件，无论最终由哪位股东实际控制万科，只要能满足合法合规的要求，市场都会接受最终的决定。这一点，既体现了法制社会的法治精神，也体现了法律的尊严和胜利，更符合社会主义市场经济的法治化要求。

☞合利：尊重追求利益的人性

所谓合利，就是将公司利益和每个参与者的利益充分联系起来。对于一家企业来说，只有老板和员工一起努力，才能获得预期的收益。这里，老板和员工是一种相互依存的关系，任何一方都不能独立存在：老板给员工搭建平台，员工通过自己的付出成就了老板平台的运转。在这种依存关系中，利益如何公平分配？

多年来，被大众广泛认可的分配方式是：老板给员工分配的仅仅是当年可分配的东西，主要是工资和奖金，而没有分配的、结余的部分，包括投资的收益都是老板的，这与员工无关，此外，未来的溢价部分也跟员工没有关系。然而，员工将青春甚至自己的一生都献给了企业，而没有分配的、未来的溢价却都跟他们毫无关系，显然是不公平的。所以，要想体现公平性，就要给员工一个未来，把没有分配的和未来溢价分一部分给员工，如此，才能维护好这种依存关系，才能让公司平台的运转实现良性循环。

如今大多数互联网初创公司，都是人力资本驱动的项目，核心是人。因此，即使给员工发工资，也要给他们设定一定的公司期望值，给高层管理者一定的话语权。只有这样，才利于团队持续发力，才能将公司规模做大做强。

☞出资、持股权、分红权和表决权的分离

国家法律法规规定：公司股东可以约定不按实际出资比例持有股权；公司章程有权规定股东不按出资比例行使表决权，有限公司股东的出资比例、持股比例、分红权比例和表决权比例在经过公司章程规定或股东全体一致同意后，可以不是同一比例……简而言之，出资比例≠持股比例≠分红比例≠表决权比例。

《公司法》第 27 条规定：股东可以用货币出资，也可以将实物、知识产权、土地使用权等可以用货币估价并可以依法转让的非货币财产作价出资；

但是，法律、行政法规规定不得作为出资的财产除外。对于作为出资的非货币财产，应当评估作价，核实财产，既不能高估，也不能低估；法律、行政法规对评估作价有规定的，要与规定保持一致。

控制权设置的核心要求

创始人要想牢牢地把握公司的控制权，最理想的方式就是把握公司的控股权，因为股权是对公司的终极控制权利。控制权设置的核心要求，就是要把企业牢牢攥在自己手中。

☞公司控制权的内容

公司的控制权内容主要包括以下三个方面：股权层面的控制权、董事会层面的控制权和公司日常经营管理层面的实际控制权。

1. 股权层面的控制权

所谓股权层面的控制权是指，核心创始人至少持有公司 51% 的股权，为了更加保险，最好持有公司 67% 的股权，才能将决策权完全掌握在手中。大部分表决事项都会以股东所持表决权过半数通过，按照中国《公司法》规定，个别事项还需要出席会议的股东所持表决权的 2/3 以上通过。因此，一旦掌握了公司控股权，也就掌握了公司股东会。

2005 年，李想创办汽车之家网站；2007 年，秦致加入。

2008 年，李想把自己创办的两家公司卖给澳洲电讯。澳洲电讯用 7600 万美元拿下汽车之家 55% 的股份，在之后的几年里多次增持。

2009 年，秦致担任汽车之家 CEO。2013 年 11 月，汽车之家向美国证监会递交上市申请，申请材料显示澳洲电讯在上市前的持股比例为 71.5%，李想占有 5.3%，秦致手中的股权则被稀释为 3.2%。

2015 年 6 月 12 日，汽车之家发布公告称，尽管李想不是汽车之家的总裁，但继续担任董事。

2016 年 4 月 15 日，澳洲电讯将汽车之家 47.7% 的股份出售给平安集团旗下的平安信托；之后，汽车之家管理层对汽车之家进行私有化，而澳洲电讯则两次拒绝了汽车之家管理层的收购要约。6 月 25 日，中国平安用 16 亿美元收购中国网站汽车之家 47% 的股份，中国平安正式成为汽车之家最大股东；6 月 27 日，秦致离开汽车之家 CEO 的岗位。

由此案例可见，创始人李想早在 2008 年就已经转让了公司控股权。无论是创始人李想，还是后来的 CEO 秦致，如果持有的公司股权不足 5%，都无法把握公司的控制权。

2. 董事会层面的控制权

公司的日常经营事项主要由董事会来决定，投资人等股东一般都很少开股东会，更不会通过股东会的控制权来参与公司日常经营，只有在发生重大事件时才会召集一次股东会。

从首轮投资京东的今日资本开始，刘强东就在合同中约定："我永远要在董事会占有多数席位。董事会是公司的最高权力机构，作为一个创始人，控制不了董事会，还搞什么？我有充分的自信带领公司前进，我不相信哪个投资人能取代我而把公司办得更好。我要控制董事会，这句话我开诚布公地说出来，不会跟你们隐瞒。"

刘强东的观点很明确，因为他知道，控制了董事会，也就控制了公司的日常经营管理。可见，为了保障决策效果和效率，核心创始人要占有公司董事会的大部分席位。

3. 公司日常经营管理层面的控制权

一旦控制了董事会，也就控制了公司的日常经营管理。

1999 年马云创办了阿里巴巴，跟其他高管组成了一个强大的团体——"湖畔合伙人"（也就是"阿里巴巴合伙人"）。

合伙人人数不固定，每年都有新的合伙人加入，阿里巴巴集团管理层共有 26 人，蚂蚁金服管理层 7 人，菜鸟网络管理层 1 人。阿里巴巴的招股书显示，阿里巴巴合伙人在集团上市后拥有独家提名多数董事会成员的权利；而董事提名候选人，必须在每年的股东大会上获得大部分票数的支持，才能成为董事成员。

阿里巴巴上市后，签署投票权委托协议的这三方持股接近 60%，保证了湖畔合伙人对公司董事会的控制。此外，湖畔合伙人对公司董事会的控制还是永久存续的，即使公司发生了控制权的变更，例如，被恶意收购，也只有股东大会以 95% 的股东投票支持，才能修改章程。只要湖畔合伙人总计持有 5% 的股权，就能阻止他人对公司的恶意收购和控制。

阿里巴巴"湖畔合伙人"这一案例颇具典型性。其核心创始人可以占有公司董事会的大部分席位，保障了决策效果和决策效率。

☞牢牢把握控制权的三大要点

根据以上所述公司控制权的主要内容，这里简单总结一下关于创始人牢牢把握公司、避免失去公司控制权的要点：

（1）创始人要谨慎地释放股权，把握好融资节奏。企业早期融资的估值和股价通常都比较低，随着公司的不断发展，公司估值和溢价就会越来越高。如果融资，创始人股权会被逐渐稀释，但是，资本对企业扩张的作用不言而喻。融资市场瞬息万变，为了维持公司稳健的资金流，创始人要仔细衡量和规划，知道什么阶段需要融多少资，同时还要注意到公司估值的合理平衡。

（2）投票权与股份份额并不是一一对应或不可分离的。为了尽可能多地争取投票权，创始人不仅要考虑股权架构，还要考虑投票权层面的合理性。此外，还要注意，即使在股权或投票权层面失去了有效的控制，也要维持对公司董事会的控制。

（3）创业初期是创始人之间的蜜月期，其他股东基于对创始人的信任，也可能默许公司的控制和决策由创始人主导。可是，随着公司的发展壮大，利益冲突或股东与创始人观点不一致的情形就会出现，对这一问题的处理往往决定着公司的前途和命运。创业者在蜜月期就要认识到前文提到的公司控制权问题，事先设计好股权结构和控制机制，才能有效预防控制权的丢失。

如何判断股权结构的好坏

合理分配股权，有利于公司的健康长远发展，是很多创业人士经常思考的问题。那么，如何判断股权结构的好坏？优秀企业在股权方面至少会具备以下特点：股权结构简单明晰，存在一位核心股东，股东之间优势互补、相得益彰，股东之间出资比例适当。

☞股权结构简单明晰

所谓"明晰"是指股权结构清晰，权属分明，真实确定，合法合规等；"简单"是指股东不能太多人，初创公司最科学的配置是三个人，如此，沟通时才会有缓冲地带。

"罗辑思维"是一档自媒体脱口秀节目，在很多人的观念里，创办人罗振宇一定是大股东或核心股东。可是，根据工商登记信息显示，在"罗辑思维"的股权架构中罗振宇仅占有 17.65%，申音占比高达 82.35%。

就"罗辑思维"的股权架构来说，站在罗振宇的角度，很多人都会认为不公平：节目本来是由他创办的，节目的运作大部分也依靠他，结果他却在为申音"打工"。最终正是由于这种股权结构不合理，导致了两人最后的分道扬镳。不合理的股权结构对企业造成的伤害由此可见一斑。

☞存在一个核心股东

核心股东就是老大、带头大哥，初创公司一定要有一个老大或带头大哥，在股东中，谁说话都算数，就等于谁说话都不算数。

海底捞初创期，两对青年各持50%的股权，当时张勇已然是强势股东。从初创时一分钱没出，到占有25%的股份，再到2013年后又从另一对股东手里购得18%的股权，张勇始终都主导着全局。

正是因为有核心股东，海底捞才避免了分裂的结局。如果各股东股份比例相同，作用类似，公司运作一段时间后，股东之间很容易发生矛盾。

核心股东至关重要。就合伙企业来说，任何一个项目都有核心股东，而且大股东和小股东都可以成为核心股东，不付出、不管理、不关注的股东即使是原始股东也不能成为核心股东，而一些尽管出资少但热爱管理并且乐于付出体力和脑力的小股东也可以成为核心股东，核心股东不是用钱来衡量的。同时，核心股东一定要比别人投入多，这也体现了一种责任，同时要有爱心，核心股东必须有一种慈善的心态，是寻求共同致富而不是转嫁风险。

☞股东之间要优势互补、相得益彰

在没有构建合伙人制度前，股东依靠的都是各自的经验优势。就每个单体经销商来说，无论是人才的获取还是经验的获取，大家都是心有余而力不从心。而在合伙人制度构建完成后，股东之间就能最大限度地实现优势互补，将更好的管理、智力模式、市场运营经验等向外输出，互相帮助，推动企业的快速发展。

1998年底，吴长江出资45万元，杜刚与胡永宏分别出资27.5万元，用100万元的注册资本在惠州创办了雷士照明。从股权结构上来看，吴长江占比45%，是单一大股东，而相对于其他两个人的合计持股，他又是小股东。当时，他们达成协议，吴长江持股45%，其他两人持股55%。吴长江还说，以后如果自己一意孤行，另外两个可以制约他。

在企业开始创立时，三位股东优势互补，胡永宏主管市场营销，吴长江负责工厂管理，杜刚负责调配资金和政府等资源，在这种"有控制权但又被制约"的结构中，企业迅速做大，第一年销售额就达到3000万元，之后每年以100%的速度增长。2003年销售额超过3亿元，2005年超过7亿元。

雷士照明股东之间优势互补、相得益彰，在这方面是成功的。所谓股东资源互补，就是我少不了你，你少不了我，彼此互相帮衬。功能职责太过接近，多半都会发生纠纷，最后很容易另起炉灶；而彼此独当一面，各干各的活儿，互不干涉，就会彼此信任，形成合力。

☞股东之间出资比例适当

所谓出资比例是指，股东认缴的出资额占公司注册资本的比例。股东之间出资比例要有明显的股权梯次，如 6：3：1 或 7：2：1。但核心股东要能绝对控股（超过 2/3 股权）或联合其中之一股东绝对控股，在公司重大事项无法形成一致性意见时，能够拍板。

出资比例涉及分红问题，那么在什么情况下，合伙创业的股东之间才可以不按出资比例进行分红？读了下面的案例，答案自然能揭晓。

A、B、C 和 D 四人是同乡，各自在外面闯荡多年。A 从事房地产投资，赚了不少钱，之后决定撤出房地产行业，准备返乡创业，打造鞋业品牌；B 是设计出身，对时尚潮流的导向异常敏感。于是，A 找到 B，寻求合作，两人一拍即合。

之后，A 和 B 又分别找来 C 和 D，讨论几天之后，最终共同出资成立"××××有限公司"，注册资本 3000 万元。A 出资 1500 万元，占股 50%；B 出资 300 万元，占股 10%；C 和 D 各出资 600 万元，各占股 20%。四人约定一个月内完成出资。

一个月后，××××有限公司正式成立，A 担任法定代表人兼董事长，B 出任公司监事。公司成立后，A 利用自己多年积累下来的人脉，高薪聘请了职业经理人团队，挖来了顶尖设计师，聘请明星代言，成功打响了品牌的知名度，提高了影响力。不到一年时间，新创品牌就出现在市场，凭借紧追时尚潮流的设计和可靠的质量，产生了不错的反响。仅用了短短几年时间，就在市场上站稳了脚跟，取得了巨大的成功。

待到公司分红时，A 将其他股东召集到一起，商议分红方案，他在会议上说:"公司能取得现在的成就,我和 B 发挥了巨大作用,因此我和 B 应该多分一部分。我俩要占分红的 80%,这样以后也会更有动力为公司的发展出力。" B 表示赞同。C 认为,公司能有现在的一切,确实是 A 和 B 的功劳,自己做得不多,同意 A 的提议。这时,D 提出了不同意见,他说:"A 和 B 出力最多,我们都看在眼里,但是你们在公司担任职务也拿了工资。我不同意 A 的提议。"

之后,在针对公司分红的股东会决议上,A、B 和 C 都同意了 A 的分红方案,只有 D 反对,股东会最终通过了 A 提出的分红方案。D 很生气,将公司告上法庭,主张股东会决议无效。法院经过充分审查,否定了股东会决议。法院给出的理由是:公司分红原则上应按照出资比例进行,不按出资比例分红,很容易损害其他中小股东的利益。只有在全体股东一致同意的情况下,才能对股东的分红比例作出修改。在本案中,股东会的决议无效。

《公司法》第 22 条规定,公司股东会或者股东大会、董事会的决议内容违反法律、行政法规的无效。股东会或者股东大会、董事会的会议召集程序、表决方式违反法律、行政法规或者公司章程,或者决议内容违反公司章程的,股东可以自决议作出之日起 60 日内,请求人民法院撤销。股东依照前款规定提起诉讼的,人民法院可以应公司的请求,要求股东提供相应担保。公司根据股东会或者股东大会、董事会决议已办理变更登记的,人民法院宣告该决议无效或者撤销该决议后,公司应当向公司登记机关申请撤销变更登记。

同时,《公司法》第 34 条规定,股东按照实缴的出资比例分取红利;公司新增资本时,股东有权优先按照实缴的出资比例认缴出资。但是,全体股东约定不按照出资比例分取红利或者不按照出资比例优先认缴出资的除外。

企业股权五条生命线

企业股权有五条生命线,分别是 67%、51%、34%、20% 和 10%,对公司进行股权设计,这五条生命线不可不知!下面我们一一分解。

☞67%:绝对控制线

股东持有公司 67% 以上的股权比例(从严格意义上来讲应该是 66.67%),该股东便是公司的绝对控股股东,可以决定公司各项重大事务。拥有绝对控制权,有权决定公司的重大事项,如股本变化、增减资决策、公司章程制定等。

我国《公司法》第 43 条规定,股东会会议作出修改公司章程、增加或者减少注册资本的决议,以及公司合并、分立、解散或者变更公司形式的决议,必须经代表 2/3 以上表决权的股东通过。

《公司法》第 103 条规定,股东大会作出修改公司章程、增加或减少注册资本的决议,以及公司合并、分立、解散或者变更公司形式的决议,必须经出席会议的股东所持表决权的 2/3 以上通过。

☞51%:相对控制线

股东持有公司股权比例为 51% 以上,从严格意义上来讲为 50% 以上不含 50%,就享有公司相对控制权,除了修改公司章程、增减注册资本,以及公司合并、分立、解散、变更等事项外,其他公司一般事项都可以决定,因为一般事项的股东会决议只需股东所持表决权过半数通过即可。因此,持股比例在 51%~67%,就可以控制公司的日常运营事务,如简单事项的决策,聘请独立董事,选举董事、董事长,聘请审计机构、会计师事务所,聘请、解聘总经理等。即使公司要上市,或经过两三次稀释后,依然可以控制公司。

我国《公司法》第 42 条规定,股东会会议由股东按照出资比例行使表决权;但是,公司章程另有规定的除外。同时,第 103 条规定,股东大会做出决议,必须经出席会议的股东所持表决权过半数通过。

☞34%:安全控制线

股东持有公司股权比例为 34% 以上 50% 以下,就是安全控制线。从严格意义上来讲为 33.34% 以上 50% 以下，虽然不能完全决定公司事务，但当股东会通过修改公司章程、增减注册资本，以及公司合并、分立、解散或变更公司形式这类重大事项时，拥有一票否决的权利，股东会无法形成 2/3 的表决权。

持股比例在 34% 以上 50% 以下的股东意志，可能影响公司重大决策的执行。如国美的黄光裕之所以人在监狱里也能将董事长陈晓赶出国美，就是因为黄光裕股权控制超过了 34%。

我国《公司法》第 43 条和第 103 条对"重大事项一票否决"有相关规定。

☞20%：重大同业竞争警示线

所谓同业竞争是指，上市公司从事的业务与其控股股东（包括绝对控股与相对控股，前者是指控股比例 50% 以上，后者是指控股比例 50% 以下，但因股权分散，该股东对上市公司有控制性影响），或实际控制人，或控股股东控制的其他企业，或实际控制人控制的其他企业所从事的业务相同或相似，双方都能构成或可能构成直接或间接的竞争关系。

而关联企业是特指，股份公司通过 20% 以上股权关系或重大债权关系所能控制或者对其经营决策施加重大影响的任何企业，包括股份公司的大股东、子公司、并列子公司和联营公司等。在这种情况下，上市公司可以合并关联企业的报表，关联企业就永远无法上市。

☞10%：临时会议权

《公司法》第 39 条规定，代表 10% 以上表决权的股东提议召开临时会议的，应当召开临时会议。

《公司法》第 40 条规定，董事会或者执行董事不能履行或者不履行召集股东会会议职责的，由监事会或者不设监事会公司的监事召集和主持；监事会或者监事不召集和主持的，代表 10% 以上表决权的股东可以自行召集和主持。

　　遇到特殊情况，公司可以召开临时股东（大）会；如果董事会（执行董事）或监事（会）不履行召集义务，持有公司 10%以上有表决权的股东就可以自行召集。

　　例如，公司因股权结构不合理、议事规则不合理等诸多原因造成公司僵局或出现法律规定的严重情况时，达到法定表决权数额 10%的股东可以提议召开临时会议。因此，大股东不仅要尽力依法维护公司的正常运营，还要确实保护小股东的利益，不能肆意为所欲为。

　　《公司法》第 101 条规定，董事会不能履行或者不履行召集股东大会会议职责的，监事会应当及时召集和主持；监事会不召集和主持的，连续 90 日以上单独或者合计持有公司 10%以上股份的股东可以自行召集和主持。

　　《公司法》第 182 条规定，公司经营管理发生严重困难，继续存续会使股东利益受到重大损失，通过其他途径不能解决的，持有公司全部股东表决权 10%以上的股东，可以请求人民法院解散公司。

　　值得一提的是，股权激励一般要控制在 10%以内。很多企业家谈论股权筹划，第一反应就是股权激励，其实股权激励不能超过 10%，而对于"如何发挥另外 90%的价值"这一问题，大部分企业家还完全没有概念。

不能出现的情况：绝对平分、
一股独大或高度分散

　　在股权分配过程中不能出现绝对平分、一股独大或高度分散的情况，否则会使得股权分配功亏一篑甚至适得其反。

☞不能绝对平均分股

　　绝对平均分股即平衡股权架构，是指公司大股东之间的股权比例相当接近，没有其他小股东或者其他小股东的股权比例极低的情况。

在设立公司的过程中，如果一方不具备绝对强势，为了争夺公司的控制权，各方就会设置出双方均衡的股权比例。如果这种设置能够对抗的投资人超过两个，形成的股权架构就比较科学；如果这种设置能够对抗的投资人只有两个，就会形成平衡的股权架构。

有这样两个案例：

例1　某有限责任公司，只有两个股东，双方各占50%股份。按照《公司法》规定，股东会决议需过半数表决权股东同意才有效。后来，两个股东因为一些原因发生了争议，双方都不同意对方的提议，公司无法形成任何决议，最终经营出现停滞。

例2　某有限责任公司有甲、乙、丙三名股东，甲、乙各占45%的股份，丙占10%的股份。按照《公司法》规定，股东会决议需要超过半数的表决权股东同意才有效。甲、乙的意见一旦出现分歧，丙支持哪方，哪方的意见就能形成有效决议。甲、乙发现这一情况后，都想拉拢丙，结果丙控制了公司的发展走向。

上面两个案例出现的问题并不相同，但都会损害公司利益。前一个案例形成了股东僵局，后一个案例导致公司控制权与利益索取权的失衡。一旦公司的控制权交给股份比例较小的股东，由于其收益索取权很少，必然会想办法利用自己的控制权扩大额外利益。滥用控制权有着巨大的法律风险，会严重损坏公司和其他股东的利益。

绝对平均分股会带来许多问题和隐患，未来股权空间的预留和来源、投资者进入后的公司控制、未来贡献不同导致的心理不平衡，都会成为公司四分五裂的导火索，如"真功夫"股权之争、"西少爷"三少分家，都是因为平均分配股权引发的矛盾最终影响了公司的发展。

世界上最差的股权结构就是两个股东各占50%，绝对平均分股不仅会形成股东僵局，无法形成有效的股东会决议，还会激化股东矛盾，造成公司控制权与利益索取权的失衡。

☞不能一股独大

一股独大也就是股权过分集中，这种股权结构会让董事会、监事会和股东会形同虚设，"内部人控制"问题严重，企业无法摆脱"一言堂"和家长式管理模式。在公司进入到规模化、多元化经营以后，由于缺乏制衡机制，决策失误的可能性会增加，企业承担的风险也会随着公司实力的增强而同步增大。

葵花药业就是典型的"一股独大"型家族式企业。

该公司招股书显示，实际控制人关彦斌持股占总股本的19.94%，是葵花药业的第二大股东，妻子张晓兰和弟弟关彦明持股0.3%和1.63%，三人合计持股占总股本的21.87%。可是，结合第一大股东葵花集团持股和第三大股东金葵投资的持股，关氏家族对葵花药业的实际控股比例高达82.84%。

关氏家族通过葵花集团和金葵投资间接控制的葵花药业的股权比例高达60.97%。在持股占公司总股本55.49%的第一大股东葵花集团股权结构中，关彦斌直接持有葵花集团5109万元股权，占葵花集团注册资本的51.09%，任葵花集团董事长。而在持股占公司总股本5.48%的第三大股东金葵投资中，董事长为关彦斌的妻子张晓兰，关彦斌则是金葵投资的第一大股东，包括关彦斌的父亲关金凯、弟弟关彦明、两个女儿及儿子等人在内，都在金葵投资中持有不同比例的股权，金葵投资完全被控制在关氏家族手中。

2017年，关彦斌和张晓兰办理离婚手续，张晓兰将葵花药业、葵花集团和金葵投资三家公司的股权都给了关彦斌，自此，关彦斌成了名副其实的"大家长"。

在A股历史上或资本市场上，上市公司控股大股东通过行使表决权及管理权等控制公司生产经营和重大决策，利用关联交易，拖欠上市公司巨额资金、侵占上市公司利益、损害中小股东利益的案例很多，典型代表公司如猴王A，大股东无法偿还对上市公司的巨额欠款，直接导致上市公司巨额亏损并退市。

如今，上市公司"一股独大"的现象已成为投资者关注的焦点，在关氏家族"一股独大"的情况下，葵花药业是很难制定出不损害其他投资人利益的制度的。

总的来说，"一股独大"可能产生以下三个问题：第一，企业行为很容易与大股东个人行为混同，一些情况下，股东将承担更多的企业行为产生的不利后果；第二，大股东因特殊情况暂时无法处理公司事务时，会出现小股东争夺控制权的不利局面，给企业造成无法估量的损害；第三，大股东容易忽视小股东的利益，损坏小股东的权利。

☞拒绝高度分散

对于分散化的股权结构来说，要想实现对公司治理绩效的正面影响，是需要具备一定条件的，需要有缓冲地带和成熟机制，如通过长期、强关系、深度绑定等。

分散型股权结构需要对投资者具有较强保护的法律制度的支撑，如美国公司就是股权结构分散的典型代表，其资本市场之所以能够得到很好的运转，重要的一点就是，美国对投资者进行了较好的法律保护，而我国对投资者的法律保护则较弱。

此外，过分分散化的股权结构，还容易产生其他代理问题，即引发内部管理者和外部股东之间的利益冲突。

某机构研究人员曾对国内股权高度分散型公司进行了追踪，如方正科技、飞乐音响、爱使股份、华晨控股，结果发现这些公司股权非常分散，经常被股票市场的投机者炒来炒去，经常会发生争夺公司控制权的事件，经营业绩不断下滑。

以方正科技为例，1993～2002 年共发生了四起收购事件：1994 年，被宝安集团收购；1998 年，发生了北大方正举牌事件，并改名为方正科技；2001年 5 月，北京裕兴等六家公司共同举牌方正科技；2001 年 10 月，上海高清再次举牌方正科技。

总之，股权高度分散容易出现内部人控制，在我国目前的政策、制度背景下，保持一定的股权集中度，积极建立相应的监管、约束机制，有助于优化股权结构，解决上市公司的治理问题。

股权成熟机制

在创业过程中，刚开始合伙人歃血为盟，要拼出一番事业。但是发展过程中可能会各怀鬼胎，因为主观或客观的因素离开创业团队。建立股权成熟制度，就是为了解决合伙人中途退出的问题。针对合伙人中途退出，有以下几种常见的股权成熟模式：

☞按年成熟

例如，A、B、C 合伙创业，股比是 6 : 3 : 1。在合伙创业期间，C 觉得不好玩，就走了。他手上还有 10% 的股份，如果项目做起来了，等于坐享其成，这样对团队里的其他人是不公平的。这个时候，就可以实行股权成熟制度，事先约定，股权按四年成熟来算，一起干四年，预估四年企业能成熟。不管以后怎样，每干一年就成熟 25%，C 干满整一年离开，可以拿走 2.5%（10%×1/4）的股份，剩下的 7.5% 就不是 C 的了。剩下的 7.5% 有几种处理方法：第一种，强制分配给其他所有合伙人；第二种，以不同的价格公平地分配给 A 和 B，重新找个合伙人代替 C。

☞按项目进度成熟

例如，产品测试、迭代、推出、推广，达到多少的用户数等，这种方式对于一些自媒体运营的创业项目比较有用。不过，也要依实际情况而定，有可能一年之内就能积累一百万粉丝。

☞按融资进度成熟

融资进度可以印证产品的成熟，这是来自资本市场，即外部的评价。如A、B、C合伙创业，可以事先约定完成融资时，A、B、C各得多少。

☞按项目的运营业绩（营收、利润）成熟

为什么要按项目的运营业绩（营收、利润）成熟？因为有些项目容易赚钱，看到有利可图，就投钱。在这种情况下，可以根据业绩进行约定。

这里还会遇到一个问题，如果股权不成熟怎么办？例如，上例中的 B 占30%股份，虽然只干了一年，或者刚开始干，但是 B 的股东权利不受影响，包括分红、表决、选举等都不会受影响。

公司章程自治条款

在公司设立之初，一般有两个重要文件，其一为股东或原始发起人之间签署的股东设立协议（或投资合作协议），其二为公司章程。毋庸置疑，章程是公司的宪法，特别是当面临公司僵局时，公司章程通常比股东设立协议更为重要。在现实中一旦出现本末倒置的问题，例如，重视股东设立协议、忽视公司章程设计，股东设立协议定制化、公司章程设计形式化，股东设立协议磋商确立、公司章程范本抄袭等现象，会让公司解决僵局或控制权之争时无所适从。下面我们从法定代表人（如何选法定代表人）、公司对外投资和担保的程序规定、股权转让的条件等几个方面来分析和总结出具有可行性的方案。

☞公司章程的法定代表人条款设计

在公司僵局或控制权之争中，法定代表人是旋涡之中的焦点。比较典型

或残酷的现状之一就是以法定代表人之自然人身份，依照相应程序就能换领公司全套证照及印章。为此，法定代表人的任免对于公司稳定、股东权益保障、公司经营控制权、公司证照控制权、公司印章控制权等方面的重要性不言而喻。

关于法定代表人任职及资格，根据《公司法》第 13 条规定，公司法定代表人由董事长、执行董事或者经理担任。法定代表人可以是股东，也可以是非股东。

《公司法》第 146 条规定，有下列情形之一的，不能担任公司的法定代表人：无民事行为能力或者限制民事行为能力；因贪污、贿赂、侵占财产、挪用财产或者破坏社会主义市场经济秩序，被判处刑罚，执行期满未逾五年，或者因犯罪被剥夺政治权利，执行期满未逾五年；担任破产清算的公司、企业的董事或者厂长、经理，对该公司、企业的破产负有个人责任的，自该公司、企业破产清算完结之日起未逾三年；担任因违法被吊销营业执照、责令关闭的公司、企业的法定代表人，并负有个人责任的，自该公司、企业被吊销营业执照之日起未逾三年；个人所负数额较大的债务到期未清偿。违反上述资格禁止规定所选举、委派的法定代表人，属于无效。任何单位和个人发现法定代表人有上述所列情形之一的，有权向企业登记机关予以检举。

关于法定代表人任免方式、程序，公司法定代表人由董事长、执行董事或者经理担任，了解董事长、执行董事或者经理的产生程序，也就知道了法定代表人的产生程序。

对于董事，董事有两种类型：一种是股东身份的董事，另一种是职工代表身份的董事。根据《公司法》相关规定，非由职工代表担任董事的选举与更换，由股东会产生。董事会中的职工代表由员工通过职工代表大会、职工大会或者其他形式民主选举产生。

对于执行董事，根据《公司法》第 44 条规定，职工代表身份的董事在设立董事会的公司治理结构时方可存在。为此，《公司法》第 37 条规定，执行董事应由股东会选举产生，如果执行董事为法定代表人，法定代表人由股东会任免。

对于董事长，《公司法》规定董事长的产生办法由公司章程规定。董事长为法定代表人的，法定代表人由股东会任免或公司章程规定的其他方式任免。

对于经理及其产生程序，根据《公司法》第 49 条规定，经理由董事会决定聘任或者解聘。为此，设董事会的有限责任公司，经理为法定代表人的，此时法定代表人由董事会任免。不设董事会的有限责任公司，执行董事任经理的，法定代表人由股东会任免。非执行董事任经理的，法定代表人由公司章程规定的其他方式任免。

根据相关法律规定，法定代表人的任免方式为股东会任免、董事会任免、章程规定的其他任免方式。其中以股东会任免、董事会任免为常态。

在设计法定代表人条款时，基于上述关于法定代表人任职及资格、任免程序等之法律规定，结合公司经营权及股东间利益平衡等诸多因素，灵活设计适合公司经营与稳定的法定代表人条款。

在具体条款设计时，可考虑如下个性化条款内容：①章程中明确法定代表人的任免程序，如股东会或董事会任免；②重塑章程中股东会或董事会的职权、议事方式、表决程序，补充法定代表人任免、变更之规则；③明确法定代表人的人选范围，如仅限股东身份。这种个性化设计，在公司现法定代表人丧失任职资格时，补选法定代表人时尤为必要。

下面来看这方面的例子：

某公司有 A、B 两个股东，A 为大股东占 55% 的股权，B 为小股东占 45% 的股权。

两人当初约定由 B 担任法定代表人，A 执掌公司公章。在该公司设立时照搬模板化章程，法定代表人条款表述为"由执行董事担任法定代表人"，在登记负责人时任命 B 为执行董事。

在经营过程中，公司陷入僵局，A 因为掌握公章，公司决定，任命 A 为执行董事，且以 A 签署的《变更登记申请书》顺利将法定代表人变更为 A。

此后，B 以该法定代表人变更未经 2/3 以上表决权的股东表决为由，向市场监督管理局申请撤销该登记。市场监督管理局回复称，该次变更合法，未涉及修改公司章程，公司章程关于法定代表人的条款，仍然是原章程所表述的由执行董事担任。

《公司法》规定，修改公司章程，需要 2/3 以上股东表决方可进行。此种设计，在股东间约定由小股东出任法定代表人时尤为有利。

总之，公司章程是股东身份利益化、标签化的重要法律文件，基于法定代表人的特殊身份，可触发公司职能行使、股权权益平衡、公司控制权等诸多方面核心要素，合伙人在公司设立之初，将设立协议的意向传导至公司章程，并进行个性化设计，具有非常重要的现实意义。

☞公司对外投资和担保的程序规定

公司章程关于公司投资、担保的限制性约定由于间接涉及公司外部人利益而使合同效力处于模糊状态。对于有限公司和股份公司，《公司法》对对外投资和担保都有明确规定。

对于有限公司的对外投资和担保，《公司法》第 16 条规定，公司向其他企业投资或者为他人提供担保，依照公司章程的规定，由董事会或者股东会、股东大会决议；公司章程对投资或者担保的总额及单项投资或者担保的数额有限额规定的，不能超过规定的限额。

对于股份公司的对外投资和担保，《公司法》第 104 条规定，本法和公司章程规定公司转让、受让重大资产或者对外提供担保等事项必须经股东大会作出决议的，董事会应当及时召集股东大会会议，由股东大会就上述事项进行表决。

公司对外投资或担保的决策权可在股东会职权、董事会职权部分进行明确约定；也可以在单独条款中进行明确，在专章进行约定，重点明确决策权的主体、相应限额和决策程序。

☞股权转让的条件

在现实生活中，有限责任公司的股权转让是经常发生的交易行为。对这种交易行为如何进行规制，是《公司法》的重大理论问题。我国现行《公司法》第 71 条第 1~3 款对有限责任公司的股权转让条件进行了明确规定，而第 4 款又指出"公司章程对股权转让另有规定的，从其规定"。

如何理解公司章程对股权转让的"另有规定"，如何认定这种"另有规定"的法律效力？下面，我们就以有限责任公司的股权转让规定之现实类型为切入点，通过实务案例研究，对有限责任公司股权转让时章程的效力进行深入说明，并最终得出结论。

《公司法》第 71 条规定："有限责任公司的股东之间可以相互转让其全部或者部分股权。股东向股东以外的人转让股权，应当经其他股东过半数同意。股东应就其股权转让事项书面通知其他股东征求同意，其他股东自接到书面通知之日起满 30 日未答复的，视为同意转让。其他股东半数以上不同意转让的，不同意的股东应当购买该转让的股权；不购买的，视为同意转让。经股东同意转让的股权，在同等条件下，其他股东有优先购买权。两个以上股东主张行使优先购买权的，协商确定各自的购买比例；协商不成的，按照转让时各自的出资比例行使优先购买权。公司章程对股权转让另有规定的，从其规定。"

其中第 4 款规定："公司章程对股权转让另有规定的，从其规定。"这种规定既尊重了股东的自主权，也适应了股东和公司个性化的需要。这实际上是基于一种假设：当事人最清楚自己的利益所在，协商一致的结果不仅满足了自身需要，也使社会效益得到增加。

《公司法》第 71 条第 4 款规定，使有限责任公司章程可以对股权的内部转让与外部转让作出不同于公司法设定规则的规定并优先适用。

由于公司实践的复杂性，公司章程中对股权转让约定的条件可能会多种多样而且形形色色，如何看待这些约定的法律效力，已经成为司法实务中探讨的热点问题之一。结合实际情况，可以归纳出以下七种情况：

1. 股权转让的禁止

甲、乙、丙三人成立一有限责任公司。在公司章程中规定，有生之年不能将股份转让于他人。公司经营一段时间后，迫于甲的压榨，乙想将股份转让给他人，却受制于公司章程"禁止转让"之规定。之后乙向甲、丙两人提出转让请求，甲、丙既不行使优先购买权，又拒绝乙向他人转让股份。最终，乙向法院主张章程中的"禁止转让"条款无效。

这就是禁止转让的典型案例，股东无法实现对其所有的股权实体进行处分。

2. 股权转让的实体比例限制

某有限责任公司股东参照《公司法》对股份公司股份限制转让的规定，在章程中约定了可转让股权的比例，"股东担任董事、监事、高级管理人员，在任职期间内每年转让的股权不能超过其所持有本公司股权总数的 25%"。

此约定，限制了股东自由转让全部股权的能力，仅允许转让部分股权。限定股东仅能转让其持有的部分股权，在实践中并不少见。

3. 股权转让的对象限制

如某公司原为国企，后经政府批准全员改制，改为有限责任公司，职工出资认购公司股权，成为股东，并将股权分成两大块：职工平均股和岗位股，具体在公司章程中规定：担任公司某几个高级管理职务的员工，可以出资认购高于职工平均股的股权（即岗位股），享有这些股权所带来的表决、分红等股东权利。如果这些股东因故不再担任这些职务，应按上一年度财务报表计算出所得的股权净值，将这部分因任职而取得的股权由公司回购后转让给继任者。

此约定，将股东股权的转让对象限制在"公司"，股东无法向其他人甚至股东转让股权。

4. 股权转让的程序限制

某公司的公司章程将涉及股权转让的条款规定如下："股东的股权可以依法转让。国家股、法人股股东转让其持有的本公司股权时，对于将所持有的股份转让给与本公司有同业竞争关系的客户的情况，或股权转让后将会对公司的经营造成重大影响的股权转让事项，必须经全体股东的2/3以上同意；不同意转让的股东应当购买该转让的股权，如果不购买该转让的股权，视为同意转让。经股东同意转让的股权，在同等条件下，其他股东对该股权有优先购买权。股东依法转让其持有的股权后，由本公司将受让人的姓名或名称及住所记载于股东名册。"

该项约定在转让程序上设置了两重限制：其一，比《公司法》规定的"股东向股东以外的人转让股权，应当经其他股东过半数同意"更为严格，该公司要求"必须经全体股东的2/3以上同意"；其二，在程序上须判断何为"股权转让后将会对公司的经营造成重大影响的股权转让事项"，履行完该项程序后，才能判断具体的股权转让程序究竟是按照《公司法》的程序履行，还是按照《公司章程》约定的程序履行。

5. 股权转让的价格、金额限制

某公司召开股东会议，会议议题为修改公司章程，规定："股东因辞职、除名、开除，根据《劳动法》第25条规定被解除劳动合同关系的，股东会可以决定其股权由其他股东受让，不论公司当时盈亏状况，股权转让价格一律以实际认缴出资的原值结算，转让人拒收股权转让金的，受让股东可将其提存至公司。"到会的八名股东一致同意签字修正后的公司章程。

股权转让限制不能实质性剥夺股东转让股权的通道；股权转让价格应当通过协商方式确定，如果不能协商就要进行评估。在本案中公司通过修改章程，约定"股权转让价格不论公司当时盈亏状况，一律以实际认缴出资的原值结算"，违反了上述基本认定原则，就会被认定为无效。

6. 股权转让无限制

某有限公司章程约定："股东向股东以外的人转让股权，无须经其他股东同意，其他股东也不行使同等条件下的优先购买权，出让股东和受让股东仅需要将签署的股权转让协议书递交公司，即视为转让完成。公司收到股权转让协议书后，应当注销原股东的出资证明书，向新股东签发出资证明书，并相应修改公司章程和股东名册中有关股东及其出资额的记载。对公司章程的该项修改不需再由股东会表决。如果公司怠于行使上述义务的，出让股东和受让股东均有权向人民法院提起诉讼，要求公司履行相应的义务并承担有关诉讼费用和实际支出的其他合理费用。"

该约定是典型的无任何限制的自由转让模式，内部股东放弃《公司法》第71条前3款规定的权利（知情同意权、优先购买权），只要股东与其他第三人签订了股权转让协议，向公司履行告知义务，就能完成有关股权转让手续。

7. 股权转让部分权能的限制

某有限公司章程约定："为奖励对公司具有特殊贡献的高管或者技术骨干，公司控股股东可将其持有的部分股权进行赠予，但出让股东仅转让相应比例的分红权，受让股东不享有表决权和转让权以及其他股东权益。"

此约定就是将股权中的分红权能进行了转让，股权中的其他各项权能，仍然属于公司控股股东。

针对法律性质的分析和域外法律的考察，不难看出，有限公司章程对股权对外转让是否应该限制，限制的具体范围都没有一个准确可行的判定规则。如果说自由是企业的精髓和灵魂，那么公司章程自治就是《公司法》的精髓和灵魂。

总之，公司章程对股权转让的限制绝不是任意的，它不应该冲破法律的"边界"，其限制应该以合法至少不违背立法本意为前提。如果章程的约定违反了法律强制性规定和法律基本原则，应当认为章程约定无效，当某些限制通过引用章程约定或法律规定时，借助于程序或实体修正，从而实现公平、正义，不应简单地认定其无效。

同股不同权及同股同权

有限责任公司可以同股不同权，股份有限公司可以同股同权。其中涉及到股东出资比例、持股比例、表决权比例以及这三者之间的关系问题。

☞什么是同股不同权？

众所周知，公司与国家的治理结构完全不同，公司治理不以一人一票为基础，而以股比论英雄。殊不知，股比还不是最终决定谁胳膊粗的要素，持股相同的股东对公司的影响力和控制力有强弱之分，甚至他们的利益分配都可能不尽相同，此即所谓的同股不同权。

通常公司的股权结构为一元制，即所有股票都是同股同权、一股一票，但在发达国家市场的二元制（又称双重股权结构、AB 股结构）股权结构中，为了以少量资本控制整个公司，管理层便将公司股票分为高、低两种投票权，高投票权的股票每股具有 2~10 票的投票权，称为 B 类股，主要由管理层持有；低投票权的股票由一般股东持有，每股只有 1 票甚至没有投票权，称为 A 类股。作为补偿，高投票权的股票一般流通性较差，一旦流通出售，就会从 B 类股转为 A 类股。

如果公司使用境外架构，在美国上市时还可以考虑"AB 股计划"或"双股权结构"，实际上就是"同股不同权"制度。

在美国上市后，京东股票分为 A 类和 B 类普通股，刘强东控制的股份为 B 类普通股，其他股东的股份为 A 类普通股，B 类普通股拥有 A 类普通股 20 倍的投票权，因此刘强东控制着超过 83% 的股东投票权。

美国上市的公司通常采用这种结构来维持公司创始团队的控制权。例如，Facebook、Google 与百度等企业都将其 A 序列普通股每股设定为 1 个投票权，

B 序列普通股每股设定为 10 个投票权。近些年，在美国上市的京东、聚美优品、陌陌等大部分中国概念股采取的都是这种 AB 股制度。

实际上，在一般情况下，虽然出资比例与持股比例是一致的，但是股东之间完全可以作出出资比例与持股比例不一致的约定，这种情况下，必须经过全体股东一致同意，否则，可能出现以大欺小、恃强凌弱的情形，大股东可能会凭借多数的投票权作出大股东多分利润而小股东少分利润的决议。

在注册资本符合法定要求的情况下，我国法律并未禁止股东内部对各自的实际出资数额和占有股权比例作出自由约定，这样的约定并不影响公司资本对公司债权担保等对外功能的实现，并不是规避法律的行为，应当属于公司股东意思自治的范畴，是合法有效的。

根据我国现行《公司法》规定，有限公司可以实现出资比例和表决权比例+分红权比例的不一致，但要在章程中明确约定：各股东按章程中规定的比例行使表决权、分红权、增加注册资本优先认缴权、转让出资时优先购买权、剩余财产分配权等《公司法》赋予的股东权利。

☞什么是同股同权？

同股同权是指同一类型的股份应当享有一样的权利。我国《公司法》第126 条规定，股份的发行，实行公平、公正的原则，同种类的每一股份应当具有同等权利。同次发行的同种类股票，每股发行条件和价格应当相同。任何单位或者个人所认购的股份，每股应当支付相同价额。这便是"同股同权同利"的由来。

市场上同股同权的案例也有很多，试举两例如下：

例 1　天威视讯在增资过程中，原发起人按照 1 元 1 股的价格增资，新加入的股东按照 1.3 元 1 股的价格增资。保荐机构和律师的解释是原发起人在公司设立到本次增资，股权价值已经增值，增资价格已经反映。

例 2　四方达在增资过程中，自然人邱利颖女士的增资价格与其他法人股东价格不同。保荐机构和律师的解释是邱女士协助公司引入了战略投资者，给公司带来了大量资金，有助于公司的发展，因此在增资价格中给予优惠是正常的，并经过换算发现，这笔优惠相当于按照 3% ~ 5% 给予邱女士的财务顾问费。

对于股份公司在历史沿革过程中同次增资但是股东价格不一致的情况，要区分是在改制之前还是改制之后，《公司法》第 126 条中的同股同权的规定仅限于股份有限公司。因此，在改制之前的有限责任公司阶段，如果同次增资但是价格不同，并不违反《公司法》的规定，且对于有限责任公司的股东而言，只要对其认缴的出资额承担责任即可，但认缴出资额的定价比较灵活。因此，在有限责任公司期间增资，可以价格不同，只要解释合理就可以。

☞有限责任公司和股份有限公司及其区别

1. 我国法定公司有两种形式：有限责任公司和股份有限公司

（1）有限责任公司。简称有限公司，是指根据《中华人民共和国公司登记管理条例》规定登记注册，由 50 个以下的股东出资设立，各股东以自己认缴的出资额对公司承担有限责任，公司法人以自己全部资产对公司债务承担全部责任的经济组织。有限责任公司包括国有独资公司以及其他有限责任公司。

（2）股份有限公司。是指公司资本为股份所组成的公司，股东以其认购的股份为限对公司承担责任的企业法人。设立股份有限公司，应当有 2 人以上 200 人以下为发起人，且半数以上发起人在中国境内有住所。由于所有股份公司均须是负担有限责任的有限公司（但并非所有有限公司都是股份公司），所以一般合称"股份有限公司"。

2. 有限责任公司与股份有限公司的区别

（1）有限责任公司属于"人资两合公司"，其运作不仅是资本的结合，而且还基于股东之间的信任关系，在这一点上，可以认为它是介于合伙企业和股份有限公司之间的，而股份有限公司完全是合资公司，是股东的资本结合，不基于股东间的信任关系。

（2）有限责任公司的股东人数有限制，为 50 人以下，而股份有限公司对发起人有限制，为 2 人以上 200 人以下，但对股东人数没有限制。有限责任公司的股东向股东以外的人转让出资有限制，需要经过其他股东过半数同意，而股份有限公司的股东对其持有的股份可以依法转让。

（3）有限责任公司不能公开募集股份，不能公开发行股票，而股份有限公司可以公开发行股票；有限责任公司不用向社会公开披露财务、生产、经营管理的信息，若股份有限公司经核准公开发行股票，则需要向社会公开其财务状况。

☞出资比例、持股比例、表决权比例之间的关系

依据《公司法》的规定，有限公司属于人合兼资合公司，与股份公司纯资合公司的最大区别在于：有限公司可以同股不同权，而股份公司必须同股同权，因此有限公司股东的出资比例与持股比例及表决权比例原则上应当相同。但为了适应司法实践的具体需要，在人合因素导致下，有限公司股东出资比例、与持股比例及表决权比例可以不同。

（1）有限责任公司股东可以约定不按实际出资比例持有股权。最高人民法院民事判决书〔2011〕民提字第 6 号判决认为：股东认缴的注册资本是构成公司资本的基础，但公司的有效经营有时还需要其他条件或资源，因此，在注册资本符合法定要求的情况下，我国法律并未禁止股东内部对各自的实际出资数额和占有股权比例做出约定，这样的约定并不影响公司资本对公司债权担保等对外基本功能的实现，并非规避法律的行为，应属于公司股东意思自治的范畴。

（2）对于有限责任公司，公司章程有权规定股东不按照出资比例行使表决权。《公司法》第 42 条规定：股东会会议由股东按照出资比例行使表决权；但是，公司章程另有规定的除外。

（3）股东的出资比例和持股比例不一致的约定，须经有限责任公司全体股东一致同意方可生效。据此，有限公司股东的出资比例与持股比例和表决

权比例，在经过公司章程或股东全体一致同意后，三者可以不是同一比例。

股权合作中对赌协议的20个陷阱

对赌协议，这是 PE、VC 投资的潜规则。越来越多的投融资双方因对赌协议而对簿公堂，因此一定要擦亮眼睛，避开股权合作中对赌协议的以下20个陷阱。

☞陷阱一：财务业绩

这是对赌协议的核心要义，是指被投公司在约定期间能否实现承诺的财务业绩。业绩是估值的直接依据，被投公司要想获得高估值，就要以高业绩作为保障，通常是以"净利润"作为对赌标的。

A 公司在引入 PE 机构签订协议时，大股东承诺 2014 年净利润不低于5500 万元，且接下来的两个年度净利润同比增长率均达到 25% 以上。结果，由于 A 公司在 2014 年底向证监会提交上市申请，PE 机构在 2014 年 11 月就以 A 公司预测 2014 年业绩未兑现承诺为由要求大股东进行业绩赔偿，于是 A公司被迫撤回上市申请。

业绩赔偿通常有两种方式：一种是赔股份，另一种是赔钱。

☞陷阱二：业绩赔偿公式

有这样几个公式：

T1 年度补偿款金额＝投资方投资总额×（1-公司 T1 年度实际净利润÷公司 T1 年度承诺净利润）

T2 年度补偿款金额＝（投资方投资总额-投资方 T1 年度已实际获得的补偿款金额）×［1-公司 T2 年度实际净利润÷公司 T1 年度实际净利润×（1+公

司承诺 T2 年度同比增长率)〕

T3 年度补偿款金额 =（投资方投资总额−投资方 T1 年度和 T2 年度已实际获得的补偿款金额合计数）×〔1−公司 T3 年实际净利润÷公司 T2 年实际净利润×（1+公司承诺 T3 年度同比增长率）〕

笔者认为，业绩赔偿也是一种保底条款。业绩承诺就是一种保底，公司经营是有亏有赚的，同时还会受很多客观情况影响，谁也不能承诺一定会赚、会赚多少。保底条款是有很大争议的，如今理财产品明确不允许有保底条款，那作为 PE、VC 这样的专业投资机构更不应该出现保底条款。

在财务业绩对赌时，要设定合理的业绩增长幅度；最好将对赌协议设为重复博弈结构，以便降低当事人在博弈中的不确定性。

☞陷阱三：上市时间

"上市时间"的约定不能算是对赌，对赌主要指的是估值。但这种约定与业绩承诺一样，最常出现在投资协议中。

关于"上市时间"的约定即赌的是被投公司在约定时间内能否上市，"上市时间"的约定一般是股份回购的约定，如约定好 2 年上市，如果不能上市，就回购我的股份，或者赔一笔钱，通常以回购的方式。但现在对这种方式大家都比较谨慎了，因为通常不是公司大股东能决定的。公司一旦进入上市程序，对赌协议中监管层认为影响公司股权稳定和经营业绩等方面的协议就需要解除。

☞陷阱四：非财务业绩

与财务业绩相对，对赌标的还可以是非财务业绩，包括 KPI、用户人数、产量、产品销售量、技术研发等。

一般来说，对赌标的不宜太细、太过准确，最好能有一定的弹性空间，否则公司会为达成业绩做一些短视行为。所以，公司可以要求在对赌协议中加入更多柔性条款，而多方面的非财务业绩标的可以让协议更加均衡可控，如财务绩效、企业行为、管理层等指标。

☞陷阱五：关联交易

该条款是指被投公司在约定期间若发生不符合章程规定的关联交易，公司或大股东须按关联交易额的一定比例向投资方赔偿损失。

某投资机构人士表示："关联交易限制主要是防止利益输送，但是对赌协议中的业绩补偿行为也是利益输送的一种。这一条款与业绩补偿是相矛盾的。"

☞陷阱六：债权和债务

该条款指若公司未向投资方披露对外担保、债务等，在实际发生赔付后，投资方有权要求公司或大股东赔偿。基本每个投资协议都有债权和债务条款，目的就是防止被投公司拿投资人的钱去还债。

债权债务赔偿公式＝公司承担债务和责任的实际赔付总额×投资方持股比例。

☞陷阱七：竞业限制

"竞业限制"是必须要签订的条款。公司上市或被并购前，大股东不能通过其他公司或通过其关联方，或以其他任何方式从事与公司业务相竞争的业务。

除了创始人不能在公司外以其他任何方式从事与公司业务相竞争的业务之外，还有另外两种情况：

（1）投资方会要求创始人几年不能离职，如果离职了，几年内不能做同业的事情，这是对中高层管理人员的限制。

（2）投资方要考察被投公司创始人之前是否有未到期的竞业禁止条款。

☞陷阱八：股权转让限制

该条款是指对约定任一方的股权转让设置一定条件，当条件达到时方可进行股权转让。如果大股东要卖股份，这是很敏感的事情，要么不看好公司，要么转移某些利益，这是很严重的事情。当然也有可能是公司要被收购了，大家决定一起转让股权。

还有一种情况是公司即将被收购，出价很高，投资人和创始人都很满意，但创始人有好几个，其中有一个不想卖，这时就涉及另外一个条款——领售权，会约定：只要大部分股东同意卖，是可以卖的。

但这里应注意的是，对于被限制方而言，在投资协议中的股权转让限制约定只是一个合同义务，被限制方擅自转让自己的股权，需要承担违约责任，并不能避免被投公司股东变更的事实。因此，通常会将股权转让限制条款写入公司章程，使其具有对抗第三方的效力。

☞陷阱九：引进新投资者限制

将来新投资者认购公司股份的每股价格不能低于投资方认购时的价格，否则，投资方的认购价格将自动调整为新投资者认购价格，溢价部分会被折成公司相应股份。

☞陷阱十：反稀释权

该条款是指在投资方之后进入的新投资者的等额投资所拥有的权益不能超过投资方，投资方的股权比例不会因为新投资者进入而降低。

"反稀释权"与"引进新投资者限制"相似，"反稀释权"也是签订投资协议时的标准条款。但这里需要注意的是，在签订涉及股权变动的条款时，应审慎分析法律法规对股权变动的限制性规定。

☞陷阱十一：优先分红权

公司或大股东签订此条约后，每年公司的净利润要将 PE、VC 投资金额的一定比例，优先于其他股东分给 PE、VC 红利。

☞陷阱十二：优先购股权

公司上市前若要增发股份，PE、VC 可以优先于其他股东认购增发的股份。

☞陷阱十三：优先清算权

公司在进行清算时，投资人有权优先于其他股东分配剩余财产。

前述 A 公司的 PE、VC 机构要求，若自己的优先清偿权因任何原因无法实际履行的，有权要求 A 公司大股东以现金补偿差价。此外，A 公司被并购，且并购前的公司股东直接或间接持有并购后公司的表决权合计少于50%；或者公司全部或超过公司最近一期经审计净资产的 50% 被转让给第三方，这两种情况都被视为 A 公司清算、解散或结束营业。这三种"优先"权，均是将 PE、VC 所享有的权利放在了公司大股东之前，目的是让 PE、VC 的利益得到可靠的保障。

☞陷阱十四：共同售股权

公司原股东向第三方出售其股权时，PE、VC 以同等条件根据其与原股东的股权比例向该第三方出售其股权，否则原股东不能向该第三方出售其股权。

此条款除了限制了公司原股东的自由，也为 PE、VC 增加了一条退出路径。

☞陷阱十五：强卖权

投资方在卖出其持有公司的股权时，要求原股东一同卖出股权。强卖权尤其需要警惕，很有可能导致公司大股东的控股权旁落他人。

☞陷阱十六：一票否决权

投资方要求在公司股东会或董事会对特定决议事项享有一票否决权。

这一权利只能在有限责任公司中实施,《公司法》第 42 条规定, 有限责任公司的股东会会议由股东按照出资比例行使表决权, 但是公司章程另有规定的除外。而对于股份有限公司则要求股东所持每一股份有一表决权, 也就是同股同权。

☞陷阱十七:管理层对赌

在某一对赌目标达不到时由投资方获得被投公司的多数席位, 增加其对公司经营管理的控制权。

☞陷阱十八:回购承诺

公司在约定期间若违反约定相关内容, 投资方要求公司回购股份。

☞陷阱十九:股份回购公式

大股东支付的股份收购款项=(投资方认购公司股份的总投资金额-投资方已获得的现金补偿)×(1+投资天数/365×10%)-投资方已实际取得的公司分红。

回购约定要注意以下两个方面:

(1)回购主体的选择。最高法在海富投资案中确立的 PE 投资对赌原则:对赌条款涉及回购安排的, 约定由被投公司承担回购义务的对赌条款应被认定为无效, 但约定由被投公司原股东承担回购义务的对赌条款应被认定为有效。另外, 即使约定由原股东进行回购, 也应基于公平原则对回购所依据的收益率进行合理约定, 否则对赌条款的法律效力会受到影响。

(2)回购意味着 PE、VC 的投资基本上是无风险的。投资机构不仅有之前业绩承诺的保底, 还有回购机制, 稳赚不赔。这种只享受权利、利益, 有固定回报, 但不承担风险的行为, 从法律性质上可以认定为是一种借贷。

《最高人民法院关于审理联营合同纠纷案件若干问题的解答》第 4 条第 2 项规定:企业法人、事业法人作为联营一方向联营体投资, 但不参加共同经营，也不承担联营的风险责任，不论盈亏均按期收回本息，或者按期收取固定利润的，是明为联营，实为借贷，违反了有关金融法规，应当确认合同无效。除本金可以返还之外，对出资方已经取得或者约定取得的利息应予收缴，对另一方则应处以相当于银行利息的罚款。

☞陷阱二十：违约责任

对于任一方违约的，违约方向守约方支付占实际投资额一定比例的违约金，并赔偿因其违约而造成的损失。

上述 A 公司及其大股东同投资方签订的协议规定，任一方违约，违约方都应向守约方支付实际投资额（股权认购款减去已补偿现金金额）10% 的违约金，并赔偿因其违约而给守约方造成的实际损失。既然认同并签订了对赌协议，公司就应该愿赌服输。可是如果公司没钱，就容易引发纠纷。现在对簿公堂的案件，多数是因为公司大股东无钱支付赔偿或回购而造成的。

与 PE、VC 签订认购股份协议及补充协议时，尤其是拟挂牌新三板的企业一定要擦亮眼睛，避开股权合作中对赌协议的上述 20 个陷阱。否则，一不小心，就将陷入万劫不复的深渊。

进入和退出机制设计

在创业过程中，有人会掉队，有人会叛变，有人会发生意外，但所有人为之奋斗的目标——基业长青却是持续不变的。马云曾说，阿里巴巴要活102年，合伙人进进出出是再正常不过的事。设计合伙人的进入和退出机制，不仅要考虑合伙人的选择、合伙人股权分配、股权退出机制等，还要掌握合伙人股权设计常识，避开股权分配陷阱……对企业的生存来说，这些都非常重要，在企业设立时一定要认真考虑。

如何正确选择合伙人?

合伙人的意思就是"合在一起成为一伙",形成一伙后就需要共同承担风险责任及分享劳动成果。既然合伙人需要共担风险、共享利益,那么合伙人的选择就非常重要了,因为这将影响到未来合伙事业的发展。如果想要合伙创业成功,挑选合伙人自然还需要慎重。首先,要明确挑选合伙人的原则;其次,要投入更多的精力挑选到真正适合干事业的合伙人,并远离那些不适合干事业的合伙人。

☞挑选合伙人的原则

创业团队最多采用的是商业合伙的形式。在选择合伙人之前,要先明确一下挑选合伙人时应该遵循的原则。不同的创业者寻找合伙人可能有不同的判断标准,总结起来,可以围绕以下三个要点来选拔合伙人。

1. 有创业的激情

对于一个创业团队来说,合伙人最重要的是要有激情,因为只有对创业充满了激情,才能坚定不移地坚持下去。

雷军开始做小米手机时已经年近40岁,但他依然激情满怀,从谷歌、微软、金山软件、摩托罗拉等公司网罗精英,组建了一支精英团队。这些小伙伴在雷军的感召下满怀激情而来,经过大家的一致努力,小米终于占据了"红海"的智能手机市场。

想要取得创业的成功,就要选择合适的商业模式、提供足够的资金,可是如果没有创业激情,雷军也无法把一批已经功成名就的大咖招至麾下,并在极短的时间内就将小米做到了450亿美元的估值。

2. 具备专业知识

合伙人的专业能力是创业团队实干的基础，不掌握专业知识，做事效率就会大打折扣，最终逃不掉失败的命运。

复星集团的人才观是：在评价一个人的时候，最重要的是他的能力，永远跟有能力的人站在一起，并通过合理的激励把他们变成自己人。在决策中，复星提倡"最专业的事由最专业的人来决策"，这也是复星实现稳步扩张、步步为营的重要支撑。缺少这种理念，缺少对专业性的尊重，每个人都可能成为团队的能力瓶颈，尤其是团队领导能力瓶颈更会严重阻碍企业的发展。

3. 掌握一定的技巧

合伙人之间的合作，还要掌握一定的技巧。例如，初创合伙人团队的人数最好控制在 2~4 人，几个人的优势还要互相补充，互为正能量；选择优势重叠的合伙人，不仅会造成资源的浪费与重叠，还容易在同一专业领域内产生分歧。

马云本人不懂技术，但追随他的 17 个人中有很多技术高手、市场高手、运营高手，这就体现了阿里巴巴团队合伙人的互补性。而马云的优势就在于他的领袖气质，既有独特的思维模式，能够做出富有战略远见的决策和企业布局；又有超凡的语言天赋和沟通能力，能够获得各种人才和资源的支持。可以说，正是靠着各合伙人的专业和能力互补，马云的优势才得到充分体现。

除了以上三点之外，创业合伙人还应勇于承担责任。创业是一个不断犯错、不断学习、不断改过的过程。在创业过程中，不仅自己会犯错，其他人也会犯错，创业者要提前做好为自己及团队成员的过错买单的思想准备。

☞哪些人能够成为合伙人？

公司股权的持有人主要包括：合伙人团队（创始人与联合创始人）、员工与外部顾问（期权池）以及投资方。其中，合伙人是公司最大的贡献者与股权持有者。

为了建立和完善阿里巴巴的合伙人架构，马云曾花费了大量的时间来进行思考和实践，靠着强烈的责任感，他对合伙人的选择异常谨慎。他曾说："我们非常尊重和感恩投资者用自己的钱表达对我们的支持，希望投资者不仅能获得财务上的回报，更能和我们一起分享完善社会的成就感。15 年的时间证明，我们的投资者包括软银、雅虎等长期投资者都获得了丰厚的回报，并参与了阿里巴巴为社会增加就业、鼓励创新、促进公平竞争、推动社会经济增长模式转变的过程。"

合伙人之间是"长期""强关系"的"深度"绑定，因此想要合伙创业成功，就要精心挑选到真正适合一起干事业的合伙人，将中期投资者、长期投资者和短期投资者选为合伙人。中期投资者的全职投入预期为三年，长期投资者的全职投入预期为五年，短期投资者的全职投入预期为一年，他们既有创业能力，又有创业心态，因此应该成为公司的合伙人。

☞哪些人不能成为合伙人？

俗语说得好"请神容易送神难"，创业者要认真慎重地按照合伙人的标准选择合伙人。下面七类人员就不适合作为公司合伙人：

（1）不能全职、真诚投入的人。合伙人是在公司未来相当长的时间内能全职投入的人，因为创业公司的价值是通过所有合伙人一起努力且经过相当长时间创业才能实现的。如果不能全职，意味着不能真诚投入，这样的人不适合作为公司合伙人。

（2）摇摆不定、没有担当的人。在合伙干事业的过程中，责任与担当最为重要。创始人最重要的责任就是担当，摇摆不定，没有担当，坚决不能吸收成为公司的创始人、联合创始人。切记：没有担当的人不适合作为公司合伙人。

（3）不明白自己角色的人。在合伙人制度中，合伙人不仅要出卖自己的劳动力，还是自己的主人，这样就从根本上改变了人力资源利用效率的传统模式，还能降低管理成本。搞不清楚自己到底扮演什么角色，不知道自己是投资人还是创始人的人，就不能成为公司合伙人。

（4）随意做出资源承诺的人。创业早期，有些企业可能需要借助其他资源，这时最容易给早期资源承诺者许诺过多股权，把资源承诺者变成公司合伙人。创业公司的价值需要整个创业团队长期投入时间和精力去实现，因此对于只是承诺投入资源但不全职参与创业的人，可以优先考虑项目提成，不要进行股权绑定。

（5）只做兼职的人员。不全职投入公司的工作，就不能当创始人。边干着全职工作边帮公司干活的人，只能拿工资或工资"欠条"，不要给股份。这类人一直做着某份全职工作，公司拿到风投后辞工全职过来公司干活，他们不会比第一批员工好多少，没有承担过其他创始人一样的风险。

（6）天使投资人。创业投资的逻辑是：投资人投大钱，占小股，用真金白银买股权；创业合伙人投小钱，占大股，通过长期全职服务公司赚取股权。简言之，投资人只出钱，不出力；而创始人既要出钱（少量钱），又要出力。因此，天使投资人购股价格应当比合伙人高，不能按照合伙人标准低价获取股权。

（7）早期普通员工。给早期员工发放股权，不仅公司股权激励成本很高，激励效果也非常有限。在公司早期，给单个员工发 5% 的股权，很可能都起不到激励效果，有些人甚至还会认为公司是在忽悠、画大饼。但是，在中后期（如 B 轮融资后）给员工发放激励股权，只要 5% 的股权就能解决 500 人的激励问题，这样做激励效果也不错。

合伙人股权如何分配？

很多创业失败的事实告诉我们，股权问题比其他问题更可能扼杀一家新公司，甚至会在公司设立之前就使其戛然而止。对于希望长远发展的创业企业来说，股权架构是最能体现企业差异性、理念和价值观等关键问题。

分配合伙人股权，重要的是确定创始人的身价并根据不同身份分配股权；另外，需要注意的是，股权分配规则应该尽早落地。

☞确定创始人的身价

创始人的主要工作就是为公司创造收入——或者是投资，或者是营收。所以，创始人的价值由两个因素决定：一是他们的贡献，二是市场认可。第一个因素反映了公平性原则，第二个因素则反映了经济因素。创始人这个身份很明确，但是实际情况却异常模糊复杂。最简单的确定方法：创始人是承担了某种风险的人。

公司的发展通常可以分为三个阶段：

（1）创立阶段。在这个阶段，公司资金通常都由创始人投入，没有进行外部融资。一旦公司经营失败，投入的钱就可能打了水漂，有些人也会因为创业而失去工作、失去工资，甚至还得重新找工作。

（2）启动阶段。此阶段公司会有部分进项，可能是投资人的投资，也可能是产生了一些营收。有了这些资金，创始人就能每个月获得一点收入。当然，这笔工资远比不上在大公司里工作的收入。在这个阶段，50%的公司会失败，然后需再找一份工作。如此，不仅会失去一份工作，而且因为工资低于大公司的正常工资水平，所以工资也会损失一部分。

（3）运行阶段。此阶段创始人能获得跟求职市场差不多水平的工资，公司不会垮掉，即使经营失败了，也只是像正常的"失业"那样，不会有更多的损失。

根据以上分析，可以知道，确定谁是创始人的方法是：如果你为一家初创公司工作，公司不能给你付工资，你就是创始人。如果从一开始就领工资，你就不是创始人。因此，可以将创始人定义为：为公司服务但不领取工资的人。

☞创始人的股权分配

确定了创始人的身价，现在让我们来对创始人股权进行分配：

（1）初始阶段创始人股权每人分 100 份。在初始阶段，给每个创始人 100 份股权。初创企业从一开始就迅速发展，所有创始人自始至终都在参与公司的运作。如果现在共有三个合伙人，那么他们的股权就分别为 100∶100∶100。

（2）召集人股权增加 5%。如果初创企业的联合创始人是由某个合伙人（召集人）牵头召集起来的，不管这个合伙人是否是 CEO，只要是他召集大家一起来创业，他就应该多获得 5% 的股权。由此，股权结构就变成了 105∶100∶100。

（3）尽管创业点子很重要，但执行更重要，股权可以增加 5%。如果召集人提供了最初的创业点子，他的股权可以增加 5%，如果他之前是 105，那增加 5% 之后，就是 110. 25。需要注意的是，如果创业点子最后没有执行下来，或者没有形成有价值的技术专利，或者没有潜在地发挥作用，就不能得到股权。

（4）迈出第一步最难，有成就的初创者股权可以增加 5%~25%。如果某个创始人提出的概念已经着手实施，如已经开始申请专利、已经有一个演示原型、已经有一个产品的早期版本，或者其他对吸引投资或贷款有利的事情，那么这个创始人就可以额外得到 5%~25% 不等的股权。这个比例取决于创始人的贡献对公司争取投资或贷款产生了多大的作用。

（5）CEO 应该持股更多，即股权增加 5%。通常大家都认为，如果股权五五对分，那么公司就无人控制。如果某个创始人不信任 CEO，不能接受对方持有多数股份，两人就不能一起创业。一个好的 CEO 对公司市场价值的作用，要大于一个好的 CTO（首席技术官），所以担任 CEO 职务的人股权应该多一点点。虽然这样可能看起来不公平，因为 CTO 的工作不见得比 CEO 更轻松，但是在对公司市场价值的作用上，CEO 确实更重要。

（6）全职创业最有价值，全职创业者的股权可以增加 200%。创始人全职工作与联合创始人兼职工作比起来，全职创始人更有价值。因为全职创始人工作量更大，且需要承担更大的项目失败风险。此外，融资时，很多投资人都可能不喜欢兼职工作的联合创始人。如此就可能导致在融资上遇到障碍。所以，全职工作的创始人应当增加200%的股权。

（7）信誉是最重要的资产，高信誉度者的股权可以增加50%~500%。如果你的目标是获得投资，那么创始人中某些人的话可能会使融资更容易。如果创始人是第一次创业，而合伙人里有人曾经参与过风险投资成功了的项目，这个合伙人就比创始人更有投资价值。在某些极端情况下，某些创始人会让投资人觉得非常值得投资，只要他参与创业、为创业项目做背书，就会成为投资成功的保障。

这些超级合伙人基本上消除了"创办阶段"的所有风险，所以最好让他们在这个阶段获得最多的股权。这种做法可能并不适用于所有的团队。不过，如果存在这种情况，就要给超级合伙人增加50%~500%的股权，甚至可以更多，具体的增加比例取决于他的信誉比其他联合创始人高多少。

☞股权分配规则尽早落地

许多创业公司容易出现的一个问题就是：在创业早期大家埋头一起拼，不会考虑各自占多少股份和怎么获取这些股权，因为这时公司股权就是一张空头支票。等到公司的"钱"景越来越清晰、公司可以看到的价值越来越大时，早期创始成员就会越来越关心自己的股份比例，此时如果再去讨论股权的分配比例及方式，就无法满足所有人的预期，给团队造成动荡，从而影响公司发展。

合伙人股权退出机制

很多人过分关注股权的进入机制，包括如何选择合伙人等，很少关注股权的退出机制。其实，股权的退出机制也应该放到股权设计的大框架内，否则一旦某位初创合伙人提前退出，如果没有提前在股权退出机制上形成约定，就会严重影响公司的正常经营。

先来看一个案例：

1991年9月13日，冯仑、王功权、刘军、王启富和易小迪等在海南成立了海南农业高科技投资联合开发总公司（简称"农高投"），即万通的前身。王功权担任法人代表和总经理，冯仑担任副董事长，王启富、易小迪和刘军担任副总经理。1992年初，潘石屹加入公司，担任总经理助理兼财务部经理，后来升为副总经理。

1993年1月18日，"农高投"增资扩股，改制为有限责任公司形式的企业集团，即万通集团，冯仑担任董事长和法人代表，自此六人被称为"万通六君子"。

在确定股权时，他们使用平均分配的方法，六人的话语权一样。1993年6月，万通集团投资，用定向募集方式组建了北京万通实业股份有限公司，这也是北京最早成立的以民营资本为主体的大型股份制企业。

1995年之前，六个人彼此之间都配合得不错、协调得很好。当时，他们以海南为中心，分散在广西、广东附近等省份，时不时地都会见面沟通。从1995年开始，万通业务逐渐分布到北京、上海、长春等地，六个人用不同身份在各地负责相关业务。结果，由于当时沟通不便，造成了信息的不对称；再加上六个人性格各异、地域不同、管理企业的情况不一样，在一些事情上出现了分歧，矛盾越来越大。

首先，在资源分配问题上出现分歧。同样是做房地产，有人说西安好，有人说北京好，但资源是有限的。常务董事会上，彼此都认为对方的项目不好。由于采用一票否决制，因此无法达成统一。当时，潘石屹在北京担任万通实业总经理，北京资源配置最多，各地便纷纷绕过常务董事会，直接向潘石屹借钱，结果万通集团几乎成了一个虚拟总部，主要业务和个人都在外地，只有拿到各地的具体项目，才是老板。

其次，六个人对公司的发展战略也出现了分歧。有人主张进行多元化发展，有人认为应该做好核心业务；有人不愿意做金融，有人不愿意做商贸。有的项目在几个人强力主导下才能开展，但顺利还好，一旦不顺利，就会怨声载道。例如，1994 年收购东北华联，六人意见不统一，在冯仑和王功权的主导下，万通花费 7000 万元收购了东北华联，之后的整合一直都不顺利，成了一个烂摊子，结果赔了 4000 万元，致使冯仑和王功权的权威受到了严重的挑战。

由于在资源分配、发展战略等方面产生分歧，六个人最终决定分开。但他们当初是因为共同理想而走到一起的，又经历了重重考验，彼此间已经建立了深厚的感情，谁都不想分开，谁也不敢先说分家，更不知道如何说出口，兄弟情义成为最难跨越的一道障碍。

就在六个人都感到痛苦、矛盾的时候，王功权、潘石屹和冯仑因为种种契机接受了西方思想，了解了西方商业社会成熟的合伙人之间处理纠纷的商业规则。冯仑提出"以江湖方式进入，以商人方式退出"，得到了大家的赞同，六兄弟得以和平分家。

1995 年，六兄弟第一次分手，王启富、潘石屹和易小迪离开；1998 年，刘军离开；2003 年，王功权离开……至此，万通掌握在了冯仑一个人手中。

分手后，万通六君子都实现了自己人生的辉煌：冯仑留守万通，借壳成了上市公司董事长；潘石屹与妻子张欣共同创立了 SOHO 中国有限公司，现任 SOHO 中国有限公司董事长；易小迪分到广西万通，创建阳光 100 集团，任阳光 100 置业集团有限公司董事长；王功权投身于风险投资，加盟鼎晖投资创办鼎晖创业投资基金，成为鼎晖创业投资基金高级合伙人，后来因民生银行、奇虎 360、江西赛维等项目名震江湖；王启富开始做国际贸易，后转做木地板，任海帝木业董事长，成就了海帝木业知名品牌，后来创立富鼎和股权投资基金管理有限公司，主营房地产投资；刘军去了四川，从事农业高科技，现任成都农业高科技有限公司执行董事、总经理。

在中国改革开放后的商业史上，万通六君子"以江湖方式进入，以商人方式退出"的事件则成为了一段佳话。

　　回顾整个案例可以看出，万通六兄弟最终散伙的原因主要有两方面：一方面，六个人的性格和价值观不同，分歧不可避免。六个人都能力卓越，企业发展壮大了，各有各的想法，产生了一系列矛盾，争吵和分手不可避免。另一方面，他们过于看重兄弟友谊和道义，创业团队用道义凝聚成员，缺乏持续性，不稳定，最后只能依靠商业规则和制度的力量来妥善解决。如果在合伙之初就确立了明确的产权关系，包括合伙人退出机制，可能六个人最后的分手也不会如此痛苦。

　　由此可见，创业企业设计合伙人股权的退出机制，必须做好三个方面的工作：一是提前约定退出机制，二是管理好合伙人预期，三是将退出机制落地。

☞预先设定股权退出机制

　　要提前设定好股权退出机制，约定好在什么阶段合伙人退出公司后要退回的股权和退回形式。

　　创业公司的股权价值是所有合伙人长期为公司持续地提供服务赚取的，一旦合伙人退出公司，其所持有的股权就要按照一定的形式退出。如此，不仅对继续在公司里做事的其他合伙人更公平，同时也便于公司的持续稳定发展。

　　在实践中，经常会遇到各种合伙人退出的情况，如合伙人离职、离婚、犯罪、去世等。不提前设计法律应对方案，必然会对项目造成严重影响，因此要对因特殊原因退出的股权进行处理。例如，离职，如果公司提前就股东离职设定有股权兑现退出机制，创业团队股权处理就可以实现软着陆。

☞管理好合伙人预期

　　公司在给合伙人发放股权时，要多进行深度沟通，管理好大家的预期：合伙人取得股权，是建立在大家长期看好公司发展前景、愿意共同参与创业的基础上；合伙人早期拼凑的少量资金，并不是合伙人持有股权的真实价格。

股权的主要价格由合伙人与公司长期绑定，如需要，就得靠为公司提供长期服务去赚取；不设定退出机制，允许中途退出的合伙人带走股权，虽然对退出合伙人公平，但对其他长期参与创业的合伙人却是最大的不公平，会让其他合伙人失去安全感。

☞将退出机制落地

要想实现合伙人股权退出机制的成功落地，就要从下面几点做起：①在一定期限内，如1年之内，约定股权由创始股东代持；②约定合伙人的股权和服务期限挂钩，股权分期成熟，如4年；③股东中途退出，公司或其他合伙人有权回购离职合伙人未成熟、已成熟的股权；④如果有人离职不交出股权，为了避免司法执行的不确定性，要提前约定好离职不退股的高额违约金。

合伙人股权实务释疑

在合伙人股权分配中会遇到许多的新问题，让我们困惑不解，也让股权分配工作难以推进。这里，我们就实务中一些带有普遍性的问题进行解读，以期起到指导作用。

☞创业公司股权分配的本质是什么？

早期创业公司的股权分配设计主要涉及两个本质问题：一个是如何利用合理的股权结构保证创始人对公司的控制力；另一个是通过股权分配帮助公司获取更多资源，包括找到能力卓越的合伙人和投资人。

☞如何采取合伙人股权代持措施？

一旦投资机构准备进入公司，投资方一般会让创始人团队在投资进入之前在公司的股权比例中预留出一部分股份作为期权池，为后进入公司的员工和公司股权激励方案预留，以免后期稀释投资人的股份。

作为期权池预留的股份，一般由创始人代持，而在投资进来之前，当原始的创业股东在分配股权时，可以先根据一定阶段内公司的融资计划，预留出一部分股份放入期权池用于后续融资，此外还要预留一部分股份放入期权池用于持续吸引人才和进行员工激励。股东按照原始创业商定的比例分配剩下的股份，期权池的股份由创始人代持。

在早期进行工商注册时，有些创业公司会采取合伙人股权代持的方式，由部分股东代持其他股东的股份进行工商注册，以减少初创期因核心团队离职而造成的频繁股权变更，等到团队稳定后再给股份。

☞为什么要进行股权绑定？

创业公司股权的真实价值由所有合伙人与公司长期绑定，通过长期服务公司去赚取股权，也就是说，股权按照创始团队成员在公司工作的年数逐步兑现。道理很简单，创业公司是大家一起经营出来的，当某个合伙人在一个时间点不再为公司服务时，就不能继续享受其他合伙人后续创造的价值了。

股权绑定期最好是4~5年，所有人都要在公司做够至少1年才能持有股权（包括创始人），然后逐年兑现一定比例的股权。没有"股权绑定"条款，派股份给任何人都是不靠谱的。

☞如何明确合伙人的股份？

在创业初期，很多创始团队成员会不拿工资或只拿很少工资，有的合伙人则会因为个人情况的不同而从公司拿工资。很多人认为，不拿工资的创始人可以多拿一些股份，作为创业初期不拿工资的回报。可是，你永远都不可能计算出究竟应该给多少股份。比较好的一种方式是，创始人给不拿工资的合伙人记工资欠条，等公司财务比较宽松时，再根据欠条补发工资。

当然，也可以用同样的方法解决另外一个问题：如果有的合伙人为公司提供设备或其他有价值的东西，如专利、知识产权等，最好通过溢价的方式给他们开欠条，等公司有钱后再补偿。

☞退出机制可否写进公司章程？

工商局通常都要求企业使用他们指定的章程模板，合伙人股权分期成熟与离职回购股权的退出机制是无法直接写进公司章程的。但是，合伙人之间可以另外签订协议，约定股权的退出机制；公司章程与股东协议尽量不要发生冲突，一旦发生了这种情况，要以股东协议为准。

☞当合伙人退出时，该如何确定退出价格？

股权回购实际上就是"买断"，公司创始人要考虑"一个原则"和"一个方法"。

（1）一个原则。对于退出的合伙人，一方面，可以全部或部分收回股权；另一方面，必须承认合伙人的历史贡献，按照一定溢价或折价回购股权。此原则不仅关系到合伙人的退出，同时更关系到长远的企业文化建设。

（2）一个方法。在确定具体的退出价格时，公司创始人要考虑两个因素：一个是退出价格基数，另一个是溢价或折价倍数。例如，可以按照合伙人掏钱购买股权的购买价格的一定溢价回购或退出合伙人按照其持股比例可参与分配公司净资产或净利润的一定溢价回购，也可以按照公司最近一轮融资估值的折扣价进行回购。究竟选取哪个退出价格基数，采用不同商业模式的公司存在明显的差异，如京东上市时虽然估值约300亿美元，但公司资产负债表并不太好。因此，如果按照合伙人退出时可参与分配公司净利润的一定溢价回购，很可能合伙人为公司辛苦工作了多年，退出时却被净身出户；如果按照公司最近一轮融资估值的价格回购，公司就会面临很大的现金流压力。因此，对于具体回购价格的确定，要对公司具体的商业模式认真分析，既要让退出合伙人分享到企业的成长收益，又不能让公司有过大的现金流压力，还要预留一定的调整空间。当然，为了防止合伙人退出公司却不同意公司回购股权，可以在股东协议中设定高额的违约金条款。

☞如果合伙人离婚，股权应该如何处理？

近年来，离婚率逐渐上升，企业家群体离婚率也逐渐偏高。婚后财产的处理，包括股权，都是非常棘手的问题。离婚事件，不仅会影响家庭，还会影响企业的发展时机，如土豆网。此外，婚姻还可能引起公司实际控制人发生变更。

原则上，婚姻期间财产是夫妻双方共同财产，但夫妻双方可以另外约定财产的归属。因此，配偶之间可以签署"土豆条款"，约定配偶放弃就公司股权主张任何权利。但是，出于对配偶婚姻期间贡献的认可，为了取得配偶的认可，不让夫妻关系由于股权关系而出现问题，就要重新设计"土豆条款"。如此，不仅可以确保离婚配偶不会影响到公司的经营决策管理，还能保障离婚配偶的经济权利。

☞股权发放完后，发现合伙人拿到的股权与其贡献不匹配，该如何处理？

公司股权是一次性发给合伙人的，但合伙人的贡献却是分期到位的，很容易造成股权配备与贡献不匹配。为了应对这类风险，可以这样做：①合伙人之间的磨合是对双方负责，可以先恋爱，再结婚；②在创业初期，预留较大期权池，给后期股权调整预留空间；③股权分期成熟与回购的机制，也可以对冲这种不确定性风险。

上述问题虽然没有囊括全部合伙人股权分配中遇到的新问题，但这种释疑一方面可以解决某些具体问题，更能帮助大家打开思路，找到契合自己实际的操作方法。

合伙人股权设计常识

创业合伙人股权分配涉及利益，关乎人性，如何平衡利益关系？如何解决人性需求？需要合伙人创新出有质感的股权产品设计。这种设计应该是艺术与科学的融合，能够平衡利益关系和解决人性需求。为此下面讨论合伙人股权设计的几点常识以供参考。

☞ 旧股权时代 OR 新股权时代？

旧股权时代和新股权时代有哪些不同？

（1）过去不需要股权设计，因为过去是创始人单干制，创始人一人包打天下，100%控股公司是常态。步入合伙创业时代后，合伙创业已经成为互联网明星创业企业的标配，提倡合伙人合伙作战，如果公司不进行股权设计，就不能长久稳定地发展。

（2）过去，"钱"是最大变量，股权分配的核心甚至唯一依据就是出多少钱。现在，"人"是最大变量。只出钱不出力或少出力的投资人是否遵守"投大钱，占小股"，已经成为判断其是否处于专业投资人阵营的标准。

（3）过去是上下级分配利益，现在是合伙人之间分享利益。

（4）过去是职业经理人用脚投票，现在是提倡合伙人之间背靠背共进退。

☞ 合伙利益 OR 合伙精神？

对于创业初期的合伙人来说，应该重视合伙利益还是合伙精神呢？创始人都有自己的观点和思想：有的创始人认为，自己应该持有公司90%的股份，剩下的10%，主要分配给公司高管。这样做，不是合伙制创业，而是给员工打赏，起不到保留作用。有的创始人认为，公司合伙人不必知道其他合伙人掌握的股权，不用了解合伙人的财务状况。这种思维并不是合伙人创业，而是创始人一个人在唱独角戏。有的创始人认为，不能与朋友一起合伙开公司，否则一旦涉及与利益相关的问题，就容易导致决裂、分道扬镳甚至成为仇人。这种想法有时又太绝对，其实朋友间合伙创业成功的案例比比皆是。

人与人之间长期共事，既要有软的交情，又要有硬的利益。合伙创业，既是一种合伙长期利益，也是一种"共创、共担、共享"的合伙创业精神。有创业能力，有创业心态，经过磨合完全可以作为合伙人。

☞算小账 OR 算大账？

在现实中，有的孵化器看到初创企业创始人不懂游戏规则，趁火打劫，象征性地投资 20 万元，要求持有创业公司 55% 的股权；有的创始人固守"谁钱多，谁老大"的旧观念，直接投资 150 万元，要求控制创业公司 70% 的股权；有的成熟传统企业孵化创业项目或传统上市公司对外投资项目，都想控股创业企业。

他们深信不疑地认为，手里的股权数量越多越好。他们只看自己的历史贡献，并不会考虑公司长期发展所需的持续动力，如此只能阻碍优秀团队和后续资本进入公司的通道，公司永远都做不大。

其实，股权还有另一种算法，读了下面的案例就能知晓。

小米与阿里巴巴的股权架构，分别解决了公司业务发展所需要的核心创业团队、资本与核心战略资源。小米 1% 的股权等于 4.5 亿美元，阿里巴巴 1% 的股权等于 20.1 亿美元。但是，如果公司不值钱，即使有 100% 的股权，又能有多少钱？马云持有阿里巴巴 7.8% 的股权，这种持股比例既没阻挡住马云控制阿里巴巴，也没阻挡住马云成为中国首富。

公司的股权架构设计理论，不管说得多么天花乱坠，都无法精确计算出各方的具体持股数量。如果算小账，即使算八年十年，也无法精确计算出来。股权架构设计，要算大账，做模型，统一团队利益的分配标准，让团队觉得相对公平合理，股权不会出现致命的结构性问题。

☞失控 OR 控制？

百度、阿里巴巴、Google、Facebook 等企业的 AB 股计划、事业合伙人制，是为了控制，还是为了失控？乔布斯说："我看过太多糟糕的事情发生在许多原本运作良好的企业身上。虽然这些企业就像赌徒手中的纸牌，被不断转售，有时是因为风险资本家们的决定，有时是其他人的决定。但我只是想要确实掌握足够的资金及股份，以便确保在这两家公司遭遇困难时，能够渡过难关。"

在控制股东会与董事会的顶层决策时，需要发挥人的天性，需要重视创意的底层运营。一家公司，只有善于控制，才能有主人，才能明确方向；只有失控，公司才能走出创始人的局限性和短板，才能创造爆发性裂变的基因和可能性。这就是"控制中有失控，失控中有控制"。

创始人要控制公司，最简单、直接、有效的办法就是控股。当然，不控股也能控制公司，如投票权委托、一致行动人协议、有限合伙、AB 股计划等，都是备选方案。例如，京东在上市前，使用的是投票权委托；上市后，使用的是 AB 股计划，成功实现了上市前后的无缝对接。

公司的初始股权架构设计，解决了创始人的持股权数量。根据创始人核心创业能力的集中程度与团队组成，创始人的持股类型有：绝对控制型（2/3 以上）、相对控制型（50%以上）与不控制型（50%以下）。上市后，创始人持有多少股权才是合理的？马云是 7.8%，马化腾是 14.43%，周鸿祎是 18.46%，刘强东是 20.468%，李彦宏是 22.9%。由此可知，创始人持股 20% 左右是常态。

☞股权 OR 限制性股权 OR 期权？

（1）股权是实对实。股东投资的是真金白银，公司给出的是如假包换的股权，这种形式通常适用于投资人或合伙人拿的资金股。

（2）限制性股权是实对空。公司给出的是股权，股东空头承诺的是未来的服务期限或业绩，这种形式适用于公司合伙人或少数重要的王牌员工。

（3）期权是空对空。公司开出的是空头支票，员工空头承诺的是服务期限或业绩，这种形式适用于员工。

公司发放股权本身不是目的，目的是通过股权发放，筛选出一支既有创业能力又有创业心态的核心团队，股权发放就是个互相印证的过程。公司经过判断，可以给团队成员配备股权。团队成员是否愿意押宝赌一把，可以判断他们是否长期看好该公司。主动选择公司股权的团队成员，参与感会比较高，更会将工作当作事业来做。有的人一开始就是创业搭档，有的人受到影响才能结成搭档；有的人看短线多些，有的人看长线多些……所有的这些都是人性使然。可以根据团队成员的风险偏好，为他们匹配相应的工资、奖金、业绩提成、期权、限制性股权或股权。

☞股权架构设计＝筑巢引凤？

对于经过磨合、有创业能力与创业心态的合伙人，谈利益并不伤感情，不谈利益才伤感情，问题的关键是，碰到心仪的合伙人该如何洽谈利益。

在小米成立初期，雷军提出，小米要做铁人三项：软件＋硬件＋互联网服务。其实，小米八位合伙人的背景和小米的商业模式是高度匹配的。

找人这件事，考验创始人对创业方向的思考深度。创始人首先需要考虑公司未来的商业模式与核心业务节点，然后考虑支撑商业模式的合伙人团队组成。想明白如何构建商业模式与合伙人团队，股权架构也就出来了。如此，创始人就知道该如何与合伙人商谈进入机制与退出机制了。

亚马逊集团董事会主席兼 CEO 贝索斯曾说："在旧的世界里，用30%的时间创建一种伟大的服务，用70%的时间来营销。在新的世界里，这个比例应该倒过来。真正顶尖的企业不用广告就能自然吸引顾客，好的产品和口碑行销是提高销售的关键。"在去中介化的互联网新经济时代，在公司合伙人团队中，要重新考虑销售总监的重要性。

有的公司平分股权，问题的症结不在于技术环节，而在于平分股权背后的团队组成。"创始人+创始人"的团队组织架构，就像是"曹操+刘备+孙权"的合伙创业，公司没有明确的老大，股权就很难分清。但是，如果是"创始人+合伙人"的组织架构，就好比"刘备+诸葛亮+关羽+张飞"的股权就好分配了。

关于创始人与合伙人的不同基因进行搭班子，华为总裁任正非有个"狼狈为奸"理论：

1988 年，任正非和六个伙伴揣着 2 万元在深圳南山区一个不知名的小角落里成立了华为。当时，华为只是一个小小的代理商，当代理业务出现下滑迹象时，任正非果断地将赚到的钱投入该行业的自行研发中，之后的华为形成了势不可当的发展态势。

在 1997 年召开的一个会议上，任正非提到了"狼"和"狈"的攻击组合。这次"狼狈为奸"的故事直接促成了华为"狼狈组织计划"的出炉。如今那项计划已经取消，但"狼性"却被作为一种华为精神延续下来。任正非很喜欢讲故事，讲完故事后还要制定一些措施。

总之，创始人做好公司股权架构，然后去找合伙人、找投资人、找员工，之后再出现问题就不用纠结了。

☞投资 = 投人 = 投股权架构？

有的创始人在外边学习了一堆新理念、新思维，说产品重要、技术重要、运营重要等。找到合伙人开始干事业时，却发现股权架构存在很多问题。

有一个创业者创业时自己掏了 30 万元，又找身边朋友投了 70 万元，然后简单、直接、高效地把股权进行分配：30% : 70%。两年后，公司业务发展不错，这个创业者却发现不对劲：一是觉得不公平，自己努力工作，结果却成了小股东；二是没有预留足够的股权利益空间，合伙人谈不进来；三是连续有三家投资机构看好该项目，但看完公司股权结构后，却没有一家投资机构敢投资。

投资投的就是创始人这个人，投的就是创始人的公司股权架构。公司早期股权结构不合理，会影响到投资人的进入，就像上面的例子那样。

☞创业合伙人=人格分裂者？

创业合伙人，既是公司投资人，又是公司全职运营者，更是公司天使员工。

作为公司投资人，合伙人取得小额资金股。我们建议互联网初创企业，所有合伙人资金股合计不超过 20%。

作为公司全职运营者，合伙人取得大额人力股。人力股和四年全职服务期限，甚至与核心业绩考核指标挂钩。合伙人打个酱油中途掉链子退出或业绩指标不达标时，公司可以按照事先约定的价格回购合伙人股权。

作为公司的员工，合伙人领取工资。

万科"人格分裂型"的股权结构主要体现为三大错位：一是身份错位。王石是个职业经理人，干的却是创始人的活儿。二是权利错位。王石的职位是职业经理人，却要寻求大股东的控制权。三是利益错位。"所有权与经营权相分离"导致了"所有人不经营，经营人不所有"的利益分配格局。

"人格分裂型"的股权结构，既无法激励团队为公司创造价值，也无法保障投资人的回报，还会成为矛盾出现的源头。因此，在知识经济时代，创业团队与投资人之间就不能出现万科这种"人格分裂型"的双输股权结构，应该建立一种多方共赢的股权结构。

第三章

团队股权分配实务

　　很多初创企业，既有好团队、好创意，也有好产品，就是因为股权问题，让创始人对公司失控，或出现合伙人内讧，或合伙人与投资人没法进入，或决策效率低下……结果，不是不可逆，就是纠错成本极高，最后倒在通往成功的路上。只有在具体实践中扎实做好团队股权分配，如确定领头人、签署协议、建立退出机制等，才能有效避免毁灭性事件的发生。

创始团队要有信服明确的领头人

不管做任何事情，都要有带头人，创业更是如此！因此，初创公司股权结构设计的一条黄金原则，就是一定要有带头大哥，一定要确立一个领导人，绝不能将股权均分，否则会形成群龙无首的股权结构。

☞群龙无首股权结构的弊端

所谓群龙无首的股权模式，就是几个合伙人平均分配股权，这种方式会引发以下三个问题：

1. 没有解决绝对领袖问题

绝对领袖，一般都是来公司指点一下就走了，把企业发展的希望寄托在他人身上，说的人不做，做的人却没有话语权。如此，就会出现"一个和尚挑水吃，两个和尚抬水吃，三个和尚没水吃"的情况，都想让他人来解决问题、让自己来获利。打个比方，如果在一群创始人中，你占据 10% 的股份，遇到问题的时候，会不会付出巨大的代价去处理？肯定要掂量一下值不值得。没有绝对领袖，一旦遇到问题，团队就散伙了。

马云曾经说过，创业，就像一个人去森林里打猎，拿着枪、带着刀进去。如果出现野猪，开一枪却没有把野猪打死，丢了枪往后走、赶紧跑的人，一定是公司经营者；如果他是公司创业者，一定会拔出刀直接跟野猪厮杀。

由此可见，没有绝对领袖，就没人带领大家往前冲，队伍就很容易解散。

2. 容易出现信任危机

股东之间没有解决信任问题，虽然合伙时表面上一团和气、互相推崇，但合伙后，有些人就会认为其他股东都不如自己，继而引发不满和矛盾。为了减少这种情况的出现股东中一定得有人站出来，把股权收集到一个人手中；

其他人可以退出，也可以只留一点股份，跟着领导走就行。此外，这里还有个能力不具备互补性的问题。领导太多，指挥者太多，执行的人太少，一旦让外行指挥内行，企业运营就会出现问题。

3. 出现动机问题

合伙的动机有很多，例如，有些人确实是想做些事情，有些人是冲动投资的，有些人是不入股怕被边缘化，有些人则是就跟着从众入股，有些人则纯粹是想搭便车挣点外快。如果合伙人一开始只要5%、10%的股份，很可能对公司是有私心的，因为他可能仅仅将它当成一种副业，参与一下即可，投入的时间、金钱、精力都会非常有限。因此，在创业时，选择合伙人，也要考量一下：对方是不是真的要将这件事当成主业来做。

☞股权设计要以带头人为核心

企业的股权架构设计，核心是带头人。带头人的股权不清晰，公司的股权就无法分配。正确的作法是：要么一开始就设定清晰明确的带头人，要么磨合出一个带头人。很多公司之所以会发生股权战争，就是因为带头人不清晰，如雷士照明。

雷士照明在获得赛富基金的几次投资后，赛富基金的2008年总持股比例达到了30.73%，超过持股29.33%的创始人吴长江，成为公司第一大股东。

当时，联合创始人之一的吴长江与资本的友好关系达到顶点，他坚信，自己会给投资机构赚钱，投资机构在公司经营上离不开他，可以安枕无忧。岂料，却直接引发了日后轰动一时的公司控制权争夺。2013年5月25日，雷士照明宣布：吴长江因个人原因辞任董事长、公司执行董事兼公司首席执行官，辞任公司董事会所有委员会职务。吴长江却表示，辞职是受董事会逼迫，并不是个人自由意志。

在此次事件中，创业者与投资人在董事会的力量对比是2∶4。董事会一旦被投资人控制，企业的控制权也就落在了投资人手上。即使是公司创始人也毫无办法，只能被迫接受辞职。

这个案例就是老大的股权分配不合理，最后失去了对公司的控制权。由此可见，以带头人为核心的公司股权架构设计是至关重要的。

当然，强调公司必须有清晰明确的带头人，并不是说带头人可以专制。苹果、微软、Google、BAT、小米等互联网企业都有清晰明确的老大。当带头人不控股时，这些企业就通过 AB 股计划、事业合伙人制等确保带头人对公司的控制力。

创业团队的决策机制，可以民主协商，但出现意见分歧时，必须集中决策，一锤定音。在公司的股东会与董事会层面，带头人只有控制公司，公司才能有主人；带头人在底层运营层面适度失控，公司才能走出带头人的短板与局限性。

总之，创始团队要有信服明确的带头人，带头人要有运筹帷幄的大智慧，这样才能实现公司长远发展和短期利益间的均衡。

创始团队要有一起打拼做事的合伙人

如今的中国，一个老板当家的时代已经终结，不合伙，只能失败或无法做大做强；只有合伙，才能获得更高的成功率，并最终获得更大的成功。

现在，是创业者的最好时代，而创业时代，合伙为王，如新东方有"三驾马车"（俞敏洪、徐小平、王强）、阿里巴巴有"十八罗汉"（马云、孙彤宇、金建杭等 18 位）……可以肯定的是，中国已经进入全面合伙创业的时代，得合伙人者得天下。

在这里我们不说这些大公司，先来分享一个三位草根合伙创业成功的案例，并对他们的处理方式加以点评，从中可以获得许多有益的启示。

☞起步：谦虚的领导者

在这个合伙公司中，带头人叫赵建，剩下的两人是刘征、朱烨。他们三人都是大专毕业，先后进入同一家国有电力公司工作，经过十几年的相处，成为好朋友。在这三个人中，赵建的思考力比较强，掌握话语权。因此，当赵建提出要辞掉工作进行创业时，刘征、朱烨都举双手表示赞成。

创业，究竟做什么项目？刘征、朱烨认为，赵建的脑子好，可以负责筹划，可是赵建却郑重其事地说："这是关系我们三个人事业前途的大事，一个人想一个，最后商量决定。"

刘征、朱烨认为赵建的谦辞很多余，平时相交很深，他们都相信赵建出的"点子"一定比他们高明；筹划方面的事，应该由他一手包办。可是，赵建不肯这样做，一定要让他们去思考：什么行业适合他们做。

为了确定项目，三个人开了一次正式会议。赵建、朱烨都想开水电行，刘征却想开电机行，看到三人意见不一致，赵建立刻向刘征解释开水电行的优势，刘征终于心服口服地放弃了自己的意见。

也许有人认为，赵建的"谦辞"是多余的。如果抱着这种想法，就犯了合伙经营的大忌。

赵建在创业之前充分考虑另外两人的意见是恰当的。虽然当时已有了要做什么的构想，但他没有先提出来，希望两个人的想法能跟他不谋而合，将来要做的生意就是三个人的意见了；一旦生意做得不顺利，谁也不会埋怨谁。

如果两个人想法跟他的构想不同，他就可以衡量一下他们所想的行业是否有利，如果比他的更好，就可以顺从他们；如果他们的想法不切实际，他就要提出自己的构想，设法说服他们，使他的意见成为大家一致赞同的意见，从而达成共识。

合伙事业，最忌讳的就是仗着"自己比别人强"独断专行。做生意跟做人处事一样，合伙人之间产生意见，绝不是偶发事件，都是平时一点一滴积累起来的；彼此之所以会感到不满，都是由于主观认识太深。如果在合伙人中一开始就认为事情应该由你做主，慢慢就会形成一种优越感。

诚然，合伙经营也要有个负责人，需要由他来主持公司全盘的业务，但这种主持人的产生，必须建立在合伙人百分之百的信赖和拥护的基础上，还要让他们从内心深处敬重你，否则，合伙生意就很难长久维持下去。

☞章程：提前约束未来的问题

依然是前面提到的案例：

"算啦，要什么章程。"刘征很豪放地说，"凭我们三个人这份交情，谁还会骗谁？"

"不，交情归交情，生意归生意"，赵建郑重其事地说，"生意上的事，我们一定要弄得一清二楚，一点儿也不能马虎。生意做好了，我们每个人要知道是怎么好起来的；生意做垮了，我们每个人都要清楚是怎么垮的。千万不能为了生意上的事务纠缠不清，而损害了我们多年的友情。"

赵建立即着手拟定章程，参考《公司法》列出下列四点：

第一，公司分作三股，一股资金占四成，其余两股各占三成。公司负责人的工作不但重要，还要冒很大的资金风险，因此股权占比要大些。

在规划这一点时，赵建知道公司的负责人必然是他，于是把出资金额定高了一成。他认为，虽然还无法预测成败，但既然是自己先提议要做生意的，当然自己要多冒一点儿险。

其余两人在讨论这一条例时，认为赵建太吃亏，坚持要平摊股本，但赵建没有答应，只笑着告诉他们："我现在虽然付出多一点儿，冒的风险大一点儿，但将来如果赚了钱，我也会多分一点儿。到那时候，你们就知道吃亏的不是我了。"在这种情形下，其余两人就不好意思再坚持了。

第二，头三年赚的钱，除了各人应领的薪水及年节奖金之外，资金不能额外支用，全部用于扩展业务之用。

对这一条例刘、朱二人没有异议，因为大家都想一心一意地把生意做起来，创一番事业。

当然，有充足资金为第一要务，谁也不愿意把赚的钱全部分掉花光。但这一条例却是合伙经营很重要的一条。因为很多合伙生意在赚钱之后，由于生活、思想都进入一个新的境界，彼此就会生出疑心：或觉得合伙经营不如自己经营；或感到生意已经很赚钱，不想再扩展……这些念头都很自私，都会降低投资的意愿，使生意受到阻碍。赵建一开始就想到了这一点，所以设定了保留盈余转投资的规定，这样就使合伙生意保留了元气，使他们的生意有了继续谋求发展的力量。

第三，在三个人的事业中，不准任何人的太太参与经营，要不能在公司担任实际工作。

这时，只有赵建一个人结了婚，所以当他提出这一条时，刘、朱两人都急着说："这种规定似乎是画蛇添足吧，如果有自己人可用，又何必找外人。再说，让嫂夫人知道这一规定，心里一定会不高兴。""这不是为她一个人订的规定""将来你们结了婚之后，也要受这一规定的限制。"

这就是赵建高明的一点。很多青年人合伙做生意，在大家都没有结婚时，简直就是不分彼此，亲如手足。可是，一旦结婚，情形就慢慢改变了。最显著的情形是，每个人的私心都比以前重了，每个人都有了自己的思想重心，甚至连妻子也会参与到公司工作中。结果，有很多合伙生意就这样"寿终正寝"了。在合伙的生意中，最好避免这类事情的发生。

第四，任何人不能私自任用私人，所有员工必须经过考试才能录用。

这一条例也是合伙经营者应该遵守的原则，却是最难办到的。赵建虽然没有亲历过，但他却听别人说过，知道合伙人的亲戚朋友一旦介入公司，管理上就会发生很多复杂的问题。

朋友之间的感情再好，一旦发生猜疑，合伙的事业就很难保持长久了。演变到最后，很可能反目成仇，各走各的路。为了避免这类事情发生，因此，绝对不能用合伙人的家属。

☞招人：性别背后有学问

章程订好了，三个人开的水电行也跟着开业了。虽然工作很辛苦，但彼此相处得相当愉快。后来，刘、朱二人想帮赵建改善家庭收入，提出让赵建妻子来做会计，但被赵建坚决制止。因为章程决不能轻易被打破。

当时，公司确实需要人手，但赵建之所以想用男员工，背后还有一层不为人知的顾虑。刘、朱两人还没有结婚，雇用女孩，很可能成为他们俩追求的对象，如此，麻烦的事就多了。一旦变成情敌，合伙的事业也会受到严重影响。假如只有一个人追求这个女孩子，也容易出问题，例如，一旦追求成功结了婚，女孩是不是还在公司工作？

虽然公司章程中明文规定，任何人的妻子都不能在公司工作，可是她原来就在公司工作的，一结婚就让她辞掉工作，似乎很不近人情，可能会因此伤了合伙人彼此的感情。因此，赵建暗暗下了决心，刘、朱两人没有结婚成家期间，公司里决不用女职员，免得在公司内部引起感情纠纷。

这种处心积虑的想法看起来好像是在动"小心眼"，对朋友不够真诚，但其实却是每个合伙经营者时时刻刻都需要注意的问题。大家既然合伙做生意，自然就不是泛泛之交，感情的基础已经很牢，因此在合伙期间，最重要的工作是防止伤害彼此感情的事件发生，只要能保持住过去的友谊，也就为合伙事业奠定了成功的基础。

最担心的是，彼此过分强调过去的友谊，疏忽了友谊的养护工作，结果都认为"我们是好朋友，他不会计较这种小事"或"我们是十几年的交情了，这种小事他一定会谅解的。"彼此之间一旦产生这种心理，过去的友谊基础就开始动摇了，总有一天会全部摧毁。如同银行的存款一样，大家一起向外支付过去的积蓄，不再设法往里面存蓄，总有一天会支付光。

这个合伙生意之所以成功，赵建这种"处心积虑"的做法做出了卓越贡献。他始终都没有因为彼此是好朋友而疏忽了经营上、管理上可能发生的摩擦。因为他深知，大家在一起共事，很容易由一点一滴的小不满累积成大不满。作为合伙事业的主持人，更要认真体会这种防微杜渐的道理。

☞调整：从说服到信服

赵建跟两位好朋友开设水电行后，初期只是替客户装饰、修护水电，慢慢地业务扩大了，大楼电梯的修护也成了他们的一项服务项目。当时，赵建产生了一个新念头，认为代理电梯的前景不错。他向两位合伙人说明自己的想法，但他们的反应并不热烈。

刘、朱两人的看法是，他们生意的基础还不稳固，电梯的需要量也不太大，不如等几年再说。遇到这类事情，就要看合伙生意主持人的协调能力了。

赵建的办法是，先搜集关于电梯发展的资料，跟田、王两人正式磋商，认真分析他们顾虑的问题。刘、朱两人被他说服了，但还有一层顾虑：我们做的是水电工程，虽然也替客户修理过电梯，但对这一行了解太少，将来代理电梯，自己负责安装工程，谁有这份能力？

"这件事我早就考虑到了"赵建胸有成竹地说，"要从事这一行，就要把这一行学精。我已经跟一家日商取得了联系，只要代理他们的产品，他们就会为我们训练技术人员。"两人一听，知道他对此事已有了通盘的打算，不再有异议，一切由他全权去安排。可是，赵建仍然不肯独自决断，派人到日本去学习电梯技术时，依然要跟两个人磋商：派谁去比较合适？

其实，这种磋商只有一点结论。因为在三个人中，只有赵建会说日本话，而且一开始是他跟日商接头的，他去最合适。赵建对这一决定并不反对，但他在临去日本前做出了两项决定：其一，他在日本的一切费用由公司负责支付；其二，学的技术归公司所有，不管将来电梯事业发展到何种程度，一切利益都由三个人分享，他不能以任何理由，独自发展电梯事业。

这两项决定看起来似乎有些多余，但认真分析，就能看出赵建的深谋远虑。第一项当然没有话说，他是由公司派出去的，费用自然由公司负担，他也明白地表示出来，为第二项做了引子。换言之，第二项才是他所要强调的。刘、朱两人辛辛苦苦做生意，赚的钱供他到国外去学习新技术，他就是先占利益的一方。

离开之后，一旦有人在两人面前挑拨说：他们是大傻瓜，赚的钱别人拿去学本领，将来人家本领学会了，说不定会把他们两个甩到一边去……这类的话听多了，两个人内心就会产生疑虑。合伙生意，一旦股东之间彼此起了疑心，总有一天会走向散伙。

在三个人共同的愿望下，他们的电梯生意顺利展开。这一计划的成功，不仅使公司的发展进入一个新的阶段，也为赵建在公司中的领导地位建立了巩固的基础。现在，这家公司已拥有三家子公司，三个合伙人仍然合作无间。诚如赵建所说："年轻人财力有限，经验不够，要创立一个大企业，必须要体会团结合作的重要性，破除私心，共同为合伙事业各尽所能，贡献心力。"

合伙创业，合伙人既要有软的交情，也要有硬的利益，才能长远。只讲交情不讲利益，或只讲利益不讲交情，都是致命的。这三位草根创业者之所以能够合伙创业成功，是因为他们正确地处理了遇到的许多新问题。他们处理问题的思路和做法，对于合伙创业者来说具有一定的启示和指导意义。

不能完全按照出资比例分配股权

创业团队是否完全按照出资比例分配股权？这个问题比较复杂。一般来说，不能完全按照出资比例分配股权，具体来说就是：不干活的出大钱占小股；干活的出小钱占大股；人力股最好和创业团队绑定固定期限服务期，行业里一般是四年左右；资金股总占比不要超过20%，要留着足够的股份给团队跑起来后的股权变更预留空间。下面我们就来做简要分析：

☞不要单纯地以出资比例作为股权分配的依据

在创业初期，很多创业企业不对团队成员的各自贡献进行评估，早期出资就成了评估团队贡献的核心指标。也就是说，在股权分配时是根据创业团队当下的贡献去分配公司未来利益的。这种方式并不科学，尤其对于今天的科技型、互联网型的创业企业，好的创意或强大的执行力往往比资金更重要。

A、B、C三人创业，A负责公司的整体运营，出资5万元；B负责核心技术研发与维护，出资5万元；C不参与公司运营，出资90万元。如果按照出资额计算，A 占 5% 的股份、B 占 5% 的股份、C 占 90% 的股份。

就这个案例来说，股权分配方式存在明显的不合理，主要有两点：第一，主要决策权落于不参与公司经营的 C，很难实现公司的有效运作；第二，大额出资人占股份过多，会削弱核心创业团队 A、B 的激励作用，很难任劳任怨地把企业做大。因此，初创公司不要以出资比例作为股权分配的唯一参考要素。

单纯地根据出资确定股权，会让有钱但缺乏创业能力与创业心态的合伙人成为公司大股东，而有创业能力与创业心态但资金不足的合伙人却成了创业小伙伴。因此，全职核心合伙人团队的股权要分为资金股与人力股，其中，资金股占小头，人力股占大头，人力股要跟创业团队全职的服务期限联系起来。

☞法律解读：是否可以不按照出资比例持有股权

股权是指股东由于认缴出资而在公司所享有的权利；出资比例是股东认缴出资额占全体股东认缴出资总额的比例，股东所持有的股权份额就是出资比例。一般情况下，股东是按出资比例来享有权利，但有些权利只要经全体股东一致同意或在章程中规定下来，就可以不按出资比例分配。

《公司法》第 34 条规定，股东按照实缴的出资比例分取红利，公司新增资本时，股东有权优先按照实缴的出资比例认缴出资。但是，全体股东约定不按照出资比例分取红利或者不按照出资比例优先认缴出资的除外。

《公司法》第 42 条规定，股东会会议由股东按照出资比例行使表决权，但是，公司章程另有规定的除外。

《公司法》第 71 条中规定，经股东同意转让的股权，在同等条件下，其他股东有优先购买权。两个以上股东主张行使优先购买权的，协商确定各自的购买比例；协商不成的，按照转让时各自的出资比例行使优先购买权。

从法律层面来看，虽然我国《公司法》约定有限责任公司股东的大部分权利与出资额对应，但并未禁止有限责任公司股东可以不按出资比例持有股权；而从司法实践来看，这种做法也是允许的。但是，为了保持创业公司的生命力，股权比例要取决于创始人的贡献或价值大小，所以应当预留股权调整的空间，定期讨论审查调整股权比例，出资比例和股权比例的对应关系尽可以交给律师去做。

当然，在实践操作中还会涉及股东间协议的起草、公司章程的设置、工商登记的变通方法等问题。

要签署合伙人股权分配协议

许多创业公司都会出现这样一个问题：创业早期大家一起努力，不会考虑各自占多少股份和怎么获取股权，因为这个时候公司的股权就是一张空头支票。如果公司的发展前景越来越清晰时，早期的创始成员就会开始关心这个问题。这时再去讨论股权的具体分配方法，分配方式很容易引起他人的不满，致使团队出现问题，影响到公司的发展。所以，在创业早期就要考虑好股权分配的问题，并签署股权分配协议。

☞合伙协议中应当载明的事项

从一定意义上来说，合伙协议就是企业发展的蓝图，不仅描述了企业从萌芽到成长的过程，还对合伙人的权利和义务都做了仔细而正确的规定，如此也显示了合伙协议的重要性。

《中华人民共和国合伙企业法》第 18 条规定，在合伙协议中，不仅要载明合伙企业的名称和主要经营场所的地点，还要载明合伙目的和合伙经营范围；不仅要载明合伙人的姓名或名称、住所，还要载明合伙人的出资方式、数额和缴付期限；不仅要载明利润分配、亏损分担方式，还要载明合伙事务的执行，以及入伙与退伙、争议解决、合伙企业的解散与清算、违约责任等问题。

合伙人是合伙协议中的重要组成部分，一定不能忽视了股权分配原则。具体有以下四项原则：

1. 合伙人基本信息要明确

在合伙协议中，要载明各合伙人的姓名、身份证号码（应附身份证复印件）、有效送达方式等内容。为了有效规避未来潜在的风险，在谈合作时，不要过分关注业务方面的信息而忽视了主体，要尽可能详细地记载主体方面的内容，甚至还可以为对方做一份调查。

2. 约定股权分配

股权设计是一项复杂的工作，是企业的顶层设计，良好的股权架构可以为公司经营绕开很多不必要的弯路，因此企业成立的时候就要慎重考虑股权设计的问题。

股权分配这部分内容主要以合伙人协商为主，需要提醒的是：虽然网上的分配方式有很多，但一定要从企业的实际情况出发；具体模式的选择，要参考企业性质和经营方式。

3. 出资方式和出资期限

《公司法》对出资方式已经放宽了很多，取消了旧法对现金出资的最低要求，新法技术出资的比例可以高达100%，这一点有利于新型技术创业公司的发展。各合伙人要在协议中载明：各自以什么方式出资、出资期限是何时。

4. 责任承担要明确

企业运作通常都是为了盈利，首先，盈利后利润是否分配、如何分配，也需要写入合伙协议；其次，如果企业出现了亏损，亏多少，各合伙人之间怎么分担，也应当写入合伙协议；最后，企业如果出现了对外债务，这部分债务该如何承担，也要明确。

☞合伙协议中条款的设置

订立合伙协议，除了遵循合同订立的一般原则之外，还应在合伙协议中设置好条款，主要包括合伙财产条款、合伙事务管理条款和合伙内部责任划分条款等三个方面的内容。

1. 合伙财产条款的设置

合伙企业出资形式多样，如货币、实物、土地使用权、知识产权、其他财产权利及劳务出资等。各种出资形式都会产生不同的财产权利，合伙协议要就不同的出资制定不同的约定。

（1）要约定合伙财产的归属问题：以现金出资的财产，就要约定为共有财产；以房屋使用权出资的，在合伙经营期间，全体合伙人共同享有使用权，但不享有所有权。如果约定不明，很容易引发法律风险。

（2）应当在合伙协议中明确约定办理登记手续的义务承担者、办理时间和办理费用等。虽然有些权利设定不用审批，但也要将相关的合同送到有关部门备案，如商标许可使用。合伙人用这些财产出资，就要约定备案事项的相关问题。对相关事项约定不明确，都会增加企业法律风险。

（3）应当对财产瑕疵约定相应的处理方式，如当物品出资存在严重瑕疵时的补充出资责任等。

2. 合伙事务管理条款的设置

合伙企业具有较强的人合性，在发展初期一般都是通过协商来确定共同发展目标的，可是，随着企业的逐渐壮大、经营活动的逐渐增多，继续保持所有事务形成全体一致的意见，只能对企业发展造成阻碍作用。在合伙协议中，如果缺少对合伙事务决策的安排条款，必然会对企业的发展造成负面影响。合伙事务管理常见的约定方式有两种：一个是按每人一票的方式来决定相关事宜，另一个是根据出资比例享有决策权利。当然，不管采用哪种方法，只要合伙人按照自己的意见事先约定明确，就能有效避免出现分歧时无法决策的情况。

3. 合伙内部责任划分条款的设置

根据法律规定，对于合伙人外部责任的划分，合伙人对合伙企业债务承担无限连带责任；对于合伙人内部责任的划分，法律原则性的规定并不一定适用于所有合伙企业。如果合伙人内部责任划分不明，合伙人之间就容易出现矛盾，继而影响到合伙企业的发展。

因此，所有的合伙协议都要对普通的责任划分进行约定，以便合伙人对外承担责任超过自己应承担部分时，向其他合伙人进行追偿。有些特殊的合伙企业，各合伙人分工不同，需要设置更加详细的责任划分条款。

退出机制：退出的条件、形式及价格

合伙人股权战争最大的导火索之一就是没有设定退出机制。例如，有的合伙人早期出资 5 万元，持有公司 30% 的股权，工作了六个月，由于各种原因离职，如与团队不和、无法胜任工作、健康出现问题或家庭发生变故等。这时，如何退出就成为一个需要解决的问题。

☞退出机制之退出的条件

股权分为资格股和投资股两种，其中投资股只能转让、继承与赠予，不能退股，有限责任公司不能退股。

对于退股，《公司法》第 36 条规定，公司成立后，股东不能抽逃出资。公司的法人财产独立于股东，股东一旦出资，用于出资财产的所有权就会立刻转移到公司，各股东都是公司的所有者，凭借各自的出资额对公司负担有限责任，承担风险，分享利益。股东只享有股权，公司则会以其全部财产独立地对外承担责任，股东不能抽回出资。

股东的出资是公司设立并从事生产经营活动的物质基础，股东出资形成的有限责任公司的全部法人财产也就成了公司对外承担债务责任的保证。所以，只有保证股东出资到位，才能维护公司的正常经营与发展，保证公司必要的偿债能力，维护债权人利益。因此，在公司成立后，股东不能将自己的出资从公司中抽逃。一旦违反法律规定抽逃投资，股东就要承担相应的法律责任。

在实践中，抽逃出资的表现形式主要有以下几种：①将款项转入公司账户验资后又转出；②公司成立后，任意向股东转移公司资金或其他财产；③在依法提取法定公积金和法定公益金或弥补上一年亏损前，先对利润进行分配；④在公司没有盈利的状态下，制作虚假财务报表，对虚增利润进行分配；⑤公司回购股东的股权，但没有办理减资手续；⑥股东通过自己控制的其他民事主体与公司进行关联交易，增加了交易成本，变相获得公司财产等。

这些行为都是抽逃出资的行为，是被严厉禁止的。缴纳完出资后，如果股东因为某种原因一定要收回自己的投资，可以在有限责任公司成立后，依法将自己的出资转让给其他股东，也可以在征得全体股东过半数同意的基础上将出资转让给股东以外的人。如此，有限责任公司的资本就会保持原状。

需要特别注意的是：①在《公司法》出现之前，抽逃公司资产其实就是抽逃出资，法律上没有明确股东责任。由公司及其法定代表人承担法律责任，如今则是以追究股东责任为主，前后完全不同；②外商投资企业的性质是有限责任公司，同样适用《公司法》的规定，而外商投资企业往往是外商出资、中方出实物或无形资产。外企借着"合资"的名义，其实是借款，会让企业营业额停滞不前；如果以提取资本金利息的方式来抽回出资，就是严重的抽逃出资违法行为，要追究出资人的法律责任。

《公司法》第 75 条规定：有下列情形之一的，对股东会该项决议投反对票的股东可以请求公司按照合理的价格收购其股权：①公司连续五年不向股东分配利润，而公司该五年连续盈利，并且符合本法规定的分配利润条件的；②公司合并、分立、转让主要财产的；③公司章程规定的营业期限届满或章程规定的其他解散事由出现，股东会会议通过决议修改章程使公司存续的；④股东会会议决议通过之日起 60 日内，股东与公司不能达成股权收购协议的，股东可以自股东会会议决议通过之日起 90 日内向人民法院提起诉讼投资双方在公司设立时一定有股东大会，并且有公司章程股东文件等材料，上面写有协议的退出条件，当初怎么协议的就怎么退出。

也就是说在遇到特殊情况时，股东可以请求公司按照合理的价格收购其股权。公司收购股权是股东转让股权的一种特殊方式，但由于收购者是公司自己，也就不再是单纯的股权转让了，而是股东撤回投资退出公司的行为。本条是在"资本多数决"的情况下，赋予中小股东或少数股东维护自身权益的救济措施的制度设计：一旦公司的控股股东或代表多数表决权的股东利用股东会决议的方式对其他股东造成了"绑架"或"裹挟"，使其合理期待的利益落空或遭遇额外风险时，后者就能利用本条规定的救济措施退出公司。

☞退出机制之退出的方式

所谓退出是指，股权投资机构或个人在投资的创业企业发展相对成熟后，在市场上出售自己持有的权益资本，收回投资并实现投资收益。中国股权投资历经 20 多年的蓬勃发展，已经形成了七种常见的退出方式：IPO（首次公开发行）、并购、新三板挂牌、股转、回购、借壳、清算。其中，主要的退出方式是：IPO、兼并与收购和股权回购。

1. IPO

被投资企业发展成熟后，在证券市场挂牌上市，就能使私募股权投资资金实现增值和退出，这就是 IPO，也是投资人和创业者喜欢的一种退出方式。在证券市场的杠杆作用下，公司一旦上市，股票价值就会得到巨大提升，投资人持有的股票就会获得巨大增值；一旦抛出，就能获得高额的资本收益。企业进行 IPO，表明了资本市场对企业良好经营业绩的认可，能让企业获得在证券市场上持续融资的基础，从而促使企业进一步增加需要的大笔资金。在美国，成功 IPO 的公司中很多都获得了私募股权投资的支持，如苹果、微软、雅虎和美国在线等；国内也不乏例子，如分众传媒、携程网和如家快捷等。这些企业的上市都给投资者带来了丰厚的回报。

同时，IPO 退出也有一定的局限性。例如，在项目公司 IPO 之前的一两年，必须提前做足准备，要将公司的经营管理状况、财务状况和发展战略等信息对外公布，使广大投资者了解公司的真实情况，得到积极评价，如果信息不对称，就会引发人们对股价的低估；跟其他对出方式比较起来，IPO 的手续比较烦琐，退出费用较高，同时 IPO 之后还存在一个禁售期，收益无法以最快的速度变现或推迟变现。

2. 兼并与收购

所谓兼并收购是指一个企业或集团购买其他企业的全部或部分股权或资产，从而影响、控制其他企业的经营管理，其他企业保留或者消灭法人资格。对于受让方来说，就是兼并收购；对于出让方来说，就是股权出让。如果企业的业绩还没得到资本市场的认可，或者投资人不愿接受 IPO 的烦琐手续和信息披露制度的约束，就可以用这种方式退出。

采用这种方式，投资人可以一次性实现所有股权的转让，在价格上也会获得很高的收益。同时，这种退出方式的操作成本少，手续简单，被并购的企业也能利用大公司的市场资源和先进技术，将外部成本内部化，这一点对被并购的中小企业非常有益。

并购退出的主要劣势有三点：①企业容易失去自主权。如果将企业的股份卖给其他企业后，会影响原企业的自主权和独立性，影响原股东和管理层对企业的控制，并购活动可能会遭到管理层的反对。②并购双方在长时间内都会经过一个磨合期，这也是所有并购企业都会面临的问题。业务、管理方面的磨合需要花费一定的时间和精力，这在一定程度上会影响经济效益。③相对于 IPO 方式，收益少一些。

3. 股权回购

所谓股权回购是指按照投资协议的规定，在投资期限届满之后，由被投资企业购回投资人持有的公司股权。从原则上来说，公司自己本身是不能进行回购的，最好由公司的创始人或实际控制人进行回购。

与上述两种退出方式相比，股权回购的产权交易过程非常简单，可以节省大量的时间和成本，风险较低，不仅能保障投资人的投资收益，也能让创业者在公司进入正常发展阶段后重新收回公司的所有权和控制权，从而保证企业的独立性。20 世纪 90 年代以前，在美国风险投资的退出方式中，股份回购退出占比高达 20%。这种退出方式的收益率较低，还可能加长变现周期；并且回购的法律限制和操作限制越多，相对付出的时间和沟通成本也就越大；同时，早期创业公司在市场发展的环境下往往变化不定，在没经过充分考察和调研之前，用这一方式退出，很容易错失潜在的投资机遇。

总之，多种退出方式各有优劣，具体采用哪种方式，要根据市场情况、投资策略等实际情况来决定。对于广大投资者来说，要想获得最满意的投资回报。最重要的还是团队的整体实力、投资理念和投资项目。

☞退出机制之退出的价格

在合伙人退出时，该如何确定退出价格？指标共有两个：一个是退出价格基数，另一个是溢价或折价倍数。既可以按合伙人买股权价格的一定溢价回购，也可以按照持股比例可参与分配公司净资产或净利润的一定溢价回购，还能够按照公司最近一轮融资估值的一定折扣价回购。至于选取哪个退出价格基数，取决于具体的商业模式。

股东曾为企业做出过历史贡献，采用退出模式，需要给股东做出补偿的就要做出补偿。人在股票在，人如果离开，就能直接收回来。这时，可以按照购买价格做一定的议价，如原来共投入 10 万元钱，离开的时候可以按 30 万元、60 万元来收取。此外，还要考虑股东的股权对应的公司净资产议价或净利润议价。

总的来说，具体回购价格的确定，要以公司具体的商业模式为基本条件，既要让退出者分享到企业的成长收益，又不能让公司出现太大的现金流压力，还要预留一定的调整空间。

没有深度绑定的外部投资人不能控股

让没有深度绑定的外部投资人控股是一个比较常见的股权分配问题，从实践来看，其弊端是显而易见的。那么，怎样既能吸引到投资者又能牢牢掌握公司的控股权呢？需要在创始人和投资者之间进行权益分配。

☞股权之痛：外部投资人控股

让没有深度绑定的外部投资人控股，不利于公司的长期发展：首先，创始团队的工作动力会减弱，就像是自己在为别人打工；其次，不会预留足够的股权利益空间，无法吸引优秀的合伙人加入；最后，会让投资机构避而远之，进而对公司的下一步融资造成负面影响。

李可是个"90后"，2010年跟朋友一起成立了一家O2O家装公司。当时，三人一共出资49万元。之后遇到一个房地产老板，不仅为他们提供了足够的客户资源，还提供了资金支持，最终出资51万元，成了他们的合伙人。之后大家按照各自的出资比例，高效地分配了股权：李可和两个小伙伴共占股49%，房地产老板占股51%。

企业开始运作的一两年，大家都很努力，他们集思广益，将公司做得风生水起；大老板做了甩手掌柜，很信任他们，很少干涉创业团队的具体事务，李可觉得自己遇到了贵人。结果到了第三年，李可他们终于发现，当初的股权分配不合理。更为要命的是，公司想引进外部财务投资人，但投资人做完尽职调查后，表示不敢投他们这类股权架构，因为担心大老板随时翻盘。同时，李可也无法再寻找优秀合伙人进公司了。

李可的经历告诉我们：创始人一定要明白创业投资的两个基本逻辑：一是投资人投大钱，占小股，用真金白银买股权；二是创业合伙人投小钱，占大股，通过长期全职服务公司赚取股权。

很多上市公司投资三五百万元，有的孵化器投资甚至三五十万元，都想控股创业企业。因为他们认为，股权占的越多越好。很多初创企业，开始都将股权当大白菜卖；等到公司启动融资、发现股权结构不对、想对股权架构进行调整时，却发现无法对早期投资人股权进行微调。数据显示，19.49%参与体验的创业企业的人都是由外部投资人控股的。这些企业在招募合伙人与外部融资时，都会经历股权之痛。不在创业早期对股权结构进行调整，会限制后续合伙人与机构投资人的进入，从而限制公司的发展。

☞投资人与创始人股权及控制权分配

要想既吸引到投资者又能牢牢掌握公司的控股权，需要对投资人和创始人的股权及控制权进行科学分配。在这方面，笔者给出了非常专业的见解建议。

一、投资人的控制权

1. 清算优先权

所谓清算是指公司一旦发生重大并购事件，股权控制人就会发生巨大变化，就可能出现清算；或者公司已经资不抵债，或者现金流断裂，也可能进入破产清算阶段。一旦企业进入清算程序，投资人都想获得优先清算权，如公司进入清算阶段，账面的资金加上业务的所有净资产一共是100万元。按照正规的程序应该是同股同权，公司股东需要按照相应的比例分掉这100万元。但是，投资人的清算优先权处于股东清算之前，需要先将他的投资本金提走。假如当时投了50万元，这100万元的净资产要先还他50万元本金，剩下的50万元再按照原来的股权比例进行分配，这就是清算优先权的典型案例。

2. 支付股息的权力

投资人需要固定回报的原因在于，投资人投资一家企业很难退出，尤其是在证券市场处于低迷期时。公司不可能在 5～10 年内上市，投资人也有压力。公司在上市前或退出渠道前，很多投资人都想获得固定回报，通常来说是 8%～10%。这个固定回报，不需要企业每年支付利息，可以先让财务记账，到达一个节点时，再通过董事会的决议，把利息全部拿走。这样做不仅不会影响企业的现金流，还能保证投资人的固定回报。

3. 对赌下业绩调整的权利

对赌协议，也叫抽屉协议，简单来说就是，在规定的时间内，如果创始人没有达到承诺的目标，就可以将既定的股权转让给投资人，投资人不再给钱。对赌协议，在国内通常会面临税务或法务部门的审批，多数情况不被认可，认为违反了同股同权的原则。但是，还要看谁和谁来对赌。如果是创始人之间的对赌，法律上是允许的；如果是投资人和创始人之间的对赌，法律上就很难通过了。

4. 股份授予与股份回购的权利

（1）股权授予权利。股份授予，也就是说投资人在投资企业时仅仅是投人。投资人最担心的问题是，投资之后，创业者不好好干，或者核心员工离开。例如，投资人投了 1000 万元，占公司 10% 的股份，创始人占 90% 的股份。这时，投资人通常会提出一个要求：我投资给公司，你享有的 90% 股权不能一次性兑现，要分四年慢慢进行。用这种方式，就可以让创业者将心思都用在公司的经营上。

（2）股份回购权利。股份回购和股份授予的概念异常相似。所谓回购就是将刚开始 90% 的股权都给创始人，如果创始人干了一年就走了，要将 90% 股权的 3/4 归还给公司；第二年离开，归还 1/2；第三年离开，归还 1/4。

其实，股权授予与股权回购是一种权利的两种做法，对创业者来说，后者比前者更有利。

5. 新股的认购权

为了防止自己的股权被稀释，投资人享有这种权利。例如，投资人投

1000 万元，占公司 10% 的股份，在公司接受新的融资时，为了确保原来 10% 的股份不被稀释，原先的投资人可以接着跟投。

6. 反稀释权

反稀释权保护的是一种极端情况。例如，投资人本来投了 1000 万元，占公司 10% 的股权，结果公司经营得不太好，在下一轮融资时，就可以降低企业估值，只要投 500 万元就能拿到 10% 的股权。这时，前一轮的投资人就可以靠这个条款获得保护，可以按照现在的条款对所持股份进行调整，如原来的 1000 万元，按照这轮的估值，股权可以占到 20%。

7. 优先购买权

公司股东向第三者转让股份，其他股东在同等条件下，可以优先购买。

8. 跟售权和领售权

所谓跟售权就是在相同价格和条件下，投资人可以把自己持有的股票卖给购买方；领售权也叫强售权，如果投资人打算将公司整体出售给第三方，在一定条件下，有权要求其他股东跟售并批准交易。例如，滴滴和快递合并时，优步和滴滴合并时，投资人都行使了领售权。一般来说，如果由下家来做收购，总的收购金额是固定的，如果投资人有领售权，就能将自己原来的股份全部卖给下家投资人。

9. 投票权

在董事会和股东会上，投资人通常会要求保留否决权。在股东会或者董事会上，通常要坚持少数服从多数的原则，所以董事会的席位基本上是单数，面对重大决策时，投资人可以运用否决权保护自己的利益。

10. 信息检查权

参照上市公司的要求，创业者需要将各季度财务报表、各种重大情况、技术进展、产品开发等详细地汇报给投资人。投资人有权获取公司最机密的信息，也有权检查所有的账目和产品，继而提出相应的建议和意见。

二、创始人的控制权

1. 在投票权上做文章

创始人要想增加对公司的控制权，就要确定一个对自己有利的股权架构，让表决权和经济权利分离。典型案例就是蚂蚁金服。

蚂蚁金服采取了一种有限合伙机制，一个叫 GP（General Partner，一般合伙人），一个叫 LP（Limited Partner，有限合伙人）。这种体制允许表决权和经济权利分离。蚂蚁金服的 GP 是马云，虽然只占 7% 股权，但拥有绝对的表决权，对蚂蚁金服有绝对的控制权。

2. 投票权委托

如果创业公司是一家独角兽公司，不缺投资，可以向投资人提出委托投票权的要求。把投资人的投票权利委托给公司创始人，就叫投票的委托权。经营不错的创业公司，创始人一般都非常强势，他能将投资人的投票权掌握在自己手里，完全控制公司。

2013 年京东想融资，很多投资人都想投资。作为创始人，刘强东只有一个条件：投资人要跟我签一份授权书，投资后，要把你的投票权都委托给我，我替你投票，否则别投。通过这种方式，刘强东获得了大量的投票权。如今刘强东的股权只有 18.8%，但投票权却有 51.2%。

3. 一致行动人协议

所谓一致行动人协议就是股东通过协议的方式承诺，在决策投票上，跟公司某个人（通常是公司创始人）的决策永远保持一致。

腾讯有个大股东叫 MIH 集团，此集团的主营业务是给外地提供有线电视网络，包括：卫星电视、付费电视服务等。在 IT 互联网遭遇寒冬时，MIH 集团看准了机会，在腾讯的股票价格最低的时候，大量买入腾讯股票。到现在为止，已经占有腾讯 1/3 的股份。MIH 集团当年就和马化腾签了一份"一致行动人"协议，马化腾在董事会股东会投什么票，它就跟着投什么票，马化腾的所有决定都代表了 MIH 集团的决定。

这种"一致行动人"协议就是，股东只拥有股权，在投票权上股东和创始人的决策永远保持一致，发出一个声音。因为只有这样，才有利于创始人对公司的控制。

一般来说，大股东越少越好。如果公司已经有几个股东了，就要在几个人之间制定合理的股份分配方案。基本公式为：如果你要筹资 500 万元，而投资者认为公司价值 1500 万元，你就要给出 33% 的公司股份。对于以现金的方式获得股份的人，可以让他们拥有股票，从而给他们更大的自由。

禁止向兼职人员分配大量股权

众多创业者的经验已经表明：兼职会给创业团队带来巨大的不确定性，甚至是灾难。要想有效避免这种灾难，就不能向兼职人员分配大量股权，要尽量少给，或者不给。这不是不近人情，而是为了降低公司的不确定性，不确定性则是创业公司的大敌！

☞ 向兼职人员分配大量股权的弊端

很多初创企业都会找些高大上的外部兼职人员撑门面，并发放大量股权。但是，这些兼职人员既不会投入太多的时间，也不用承担创业风险。股权利益与其对创业项目的参与度、贡献度严重不匹配，性价比不高，很容易导致全职合伙人团队的心理失衡。

通过朋友介绍，李明在一家著名的 IT 公司找到个兼职的技术大牛，给对方 15% 股权。其实，这个大牛就是他们的技术合伙人。在刚开始的两个月时间里，此人工作还不错，并且断断续续地参与到了项目中。可是后来，经常会找借口，很少参与技术支持，一年后基本上就不再参与公司项目了。李明觉得，花了大本钱，办了件小事，得不偿失。

对于这样的技术大牛、但不全职参与创业的兼职人员，最好按照公司外部顾问标准发放少量股权。这个股权来源于期权池，如果按照合伙人的标准配备大量股权，只能给后期工作造成困扰。

☞对兼职创业人员如何分配股权？

通常来说，股权和期权是区分创始人和创始团队成员的界线。因此，对于外部兼职人员，可以用期权的模式进行合作；同时，还要对期权设定成熟机制，不要大量发放股权。例如，签订协议时要明确"如果在×年×月×日正式入职，就有多少股的期权"。经过磨合，如果兼职人员成了全职创业团队成员，公司可以给这些人员增发股权。

一旦获得股权，对方就成了公司股东，在工商登记和公司运营层面。公司层面的很多重大决策都需要全体股东同意，公司多一个股东，就多一层麻烦。对公司尤其是强调速度的互联网公司来说，会带来巨大的不确定性和操作成本。中国公司还有一个独特的本土挑战，那就是：拿美元投资是国内互联网公司融资的常态，可是外管局对股东的要求却更多、更严格，互联网创业公司很容易耗在这上面。

禁止向短期资源承诺者发放大量股权

在创业早期需要借助很多资源为公司的发展起步，有些创业者就会给早期的资源承诺者许诺过多股权，把资源承诺者变成公司合伙人。但是，创业公司的价值需要整个创业团队长期投入时间和精力去实现，资源是一方面，更重要的是对资源的利用。对于只是承诺投入资源但不全职参与创业的人，更适合优先考虑项目提成，商谈利益合作，而不是股权绑定。

☞对早期的短期资源承诺者许诺股份将埋下隐患

对于创业者来说，对帮助企业渡过创业伊始艰难期的短期资源承诺者，有时会不假思索地将他们拉进创业团队，许诺给对方股份，让其成为合伙人。但需要提醒的是，对于他人的帮助确实需要感恩，但并不能以股份作为答谢方式，否则，只会为以后的公司经营埋下隐患。

周俊刚开始创业时，朋友告诉他，可以利用父亲的关系为他对接上下游资源。周俊非常感动，在酒桌上就许诺给朋友20%股权作为回报，并形成文书。结果，朋友根本就没有将这件事当回事儿，对接资源迟迟没到位。白纸黑字的股权协议摆在那儿，周俊感到异常郁闷。

周俊的案例并不是个案。创业者在创业早期势单力薄，孤军奋战，如果有人提供帮助，多数都会答应对方的条件。在这种情况下，很容易脑子发热，许诺过多的股权，把他们变成公司合伙人。一旦如此，就会给后面带来数不清的问题。

☞对短期资源承诺者如何分配股权？

短期资源承诺者是创业公司早期的贡献者、合作者，有些人确实为公司的发展起到了至关重要的作用，但创始人必须明白，请神容易送神难。

项目的运营需要整个团队长期投入时间和精力，不能一蹴而就。如果短期资源提供者没有提供承诺的资源而得到了股权或期权，退回获得的股权和期权就会成为法律问题，还可能引发法律纠纷；如果短期资源提供者在提供资源之后坐享公司利益，短时间内可能没有问题，时间长了，就会严重影响公司其他股东或员工的创业激情和士气，造成心理或利益失衡，继而可能引发巨大的潜在纠纷。

因此，对于只是承诺投入短期资源但不全职参与创业的人，最好谈项目提成，谈利益交换，一事一议，一次一清，一事一结，不能用股权或期权进行深度绑定。双方共事一段时间后，如果发现这个人确实想创业，也符合创业团队的需要，就可以邀请对方入伙、同时给予对方股份。

前瞻性地给未来团队成员预留股权池

公司的发展离不开人才，股权是吸引人才加入的重要手段。创始人最初分配股权时，就要预留一部分股份放入股权池，用于持续吸引人才和进行员工激励。原始创业股东可以按照商定的比例对剩下的股份进行分配，股权池的股份可以由创始人代持。

☞预留股权池，让先来的、后到的都有份

企业要想做大做强，就要引入人才，组建企业的骨干力量团队。但这里存在一个问题：如何将新引进的人才与最初的团队实现融合？这是很多企业在发展过程中都会遇到的问题。要想解决这个问题，就要设计合理的激励制度，要准备一个大股权池，让员工在企业价值的持续增长中持续获益，从而进入一个良性循环。

360创始人周鸿祎深谙"人聚财聚，人散财散"之道，他在创办360时，在没有进行融资的前提下，先拿出40%的股份分给员工和团队。后来，由于多次融资而稀释，但到上市的时候，仍然将超过20%的股份分给了贡献大的员工。

360员工持股的比例在中国所有的互联网公司里是最大的。跟360合作的人有10年以上的人，七八年的人更是比比皆是，原因之一就是周鸿祎舍得跟大家分股票。

360的员工之所以能保持很好的稳定性和创造力，与360的股权池设计分不开。骨干力量之所以会不断加入，一是因为他们有梦想，想找到实现梦想的平台，二是因为能得到更好的经济回报。所以，只有建立合理的股权蓄

水池，才能不断地引入活水，才能让新生力量带动革新，这是企业发展壮大的一个关键所在。

创业就是一个马拉松，不经历十年八年的长跑，是得不到结果的；创业又像是一个接力赛，需要不断地输入新鲜血液，产生一波一波的动力。没有新人加入，永远由老人去跑马拉松，不是没跑多远就被淘汰，就是半路累吐血了。所以，企业要制定一种良好的激励机制，在每个阶段都能有一批人接过接力棒，继续往下跑。

☞**如何设立股权池？**

创业者需要将自己的眼光放长远，要考虑到企业今后的发展还需要引进什么人才、什么资源，不要在开始的时候就把股权分足，需要有一个股权池的概念。

所谓股权池就是为了公司的长远发展，为了稳定员工的凝聚力，把公司的股份按照不同的职务、工龄等标准，分散给各员工，可以分到股权的不仅有公司高层，基层人员也能享有。越早进公司的员工，拿到的股份可能就越多，因为池子里的股份较多。

设立股权池一般的做法是：股权预留的比例在15%～20%，也可以把开始需要分配股权的各人股比先降5%放入股权池，之后在项目开展的不同阶段，根据各人的不同贡献进行股权调整；股权可能被投资人稀释，最好在早期建立股权池，晚期建立期权池。大部分公司都会这样做：前10名员工共获得10%的股份，之后的20名员工共获得5%的股份，再后的50名员工只拿5%的股份。当然，前期加入的员工风险更多，薪水也比较低；后进来的员工工作会相对稳定。

从投资人的角度来说，他们更接受有明显梯度的股权架构，如"创始人持股50%～60%+联合创始人持股20%～30%+预留股权池10%～20%"。投资人对企业股权架构的喜好给我们提供了设计股权架构的参考和建议。但是，对于企业给予投资者的股权，也要有一定的准则，如要遵循"投资者投大钱，占小股，得股权，需退出"的思路，根据对企业的贡献大小来分配股权。对于任何企业来说，资金都是至关重要且贡献最直接的资源，但同时企业的股权也很有限。投资者占大股，没有足够剩余的股权分给其他人，容易导致企业有钱却办不成事。

配偶股权要有退出机制

全职直接参与公司运营管理的核心团队是创业合伙人，这里有个容易被忽视的问题，它就是创业合伙人的配偶。合伙人的配偶是背后最大的隐形创业合伙人，因此对配偶股权也要设定一定的退出机制。

☞创业者离婚的直接结果

最近几年，随着中国的离婚率不断上升，创业者群体的离婚率可能高于平均水平。中国法律规定：婚姻期间的财产属于夫妻共同财产，夫妻间另有约定的除外。创业者离婚，会直接导致公司实际控制人发生变更。

土豆网原首席执行官王微与杨蕾结婚三年后离婚，虽然土豆网不是二人共同创立的，但土豆网的 5 次融资过程和快速发展都发生在两人的婚姻存续期间。

2010 年 3 月，两人由于性格不合而分手，法院仅调解离婚，没有对财产做出处理，为土豆网的上市埋下了隐患。2010 年 11 月 10 日，杨蕾向法院起诉分割财产并保全冻结了王微所持土豆网的主要股份，即将上市的土豆网只能暂停了上市步伐。此时，王微持股 13.4%，如果杨蕾成功分得股权，王微的股权比例就会大幅下降，大股东的地位也会不保，还会失去公司控制权。更可怕的是，官司缠身，让土豆网错失了最佳上市良机，给其他投资者的利益造成了巨大损失。

　　配偶股权真的很重要！可是事实证明，多数创业企业都不会就配偶股权做到钱权分离。如果合伙人婚姻出现变数，创业者只能愿赌服输。

☞约定个人财产，做到钱权分离

　　如果合伙人未做夫妻财产约定，则股权依法属于夫妻共同财产。所以在离婚事件发生时，股权作为夫妻共同财产就会被依法分割为两部分。如何应对这种情况的发生呢？在合伙协议里，可以约定特别条款，要求合伙人与现有或未来配偶约定股权为合伙人一方个人财产，或约定如果离婚，配偶不主张任何权利。

　　在土豆网原首席执行官王微与杨蕾发生感情纠纷时，创投圈曾为之设计了一个"土豆条款"，大致内容是：投资者要求"被投资公司（创业公司、标的公司）的 CEO（首席执行官）、主要创始人结婚或离婚必须经过董事会，尤其是优先股股东的同意后方可进行"。

　　"土豆条款"的产生，是蝴蝶效应产生的结果。夫妻离婚不仅会影响到一家公司的上市，还会影响到中国互联网视频产业的布局，甚至还在客观上影响了腾讯在互联网行业的格局。

　　抛开婚姻自由这个基本原则，单从股权方面来说，"土豆条款"其实并不是某一条款，而是一系列的夫妻财产筹划与安排；不是简单地确认是否是共同财产，而是在正确认识财产性质前提下的共同约定。其实，无论是婚前创业还是婚后创业，亦或是在婚后一定时间内获得融资，股权的价值都是不断增加的，一旦发生婚变，都会面临股权分割问题。为了有效预防创业企业主要股东婚姻变化对企业发展、融资造成的消极影响，夫妻财产最好实行 AA 制。

　　因此，为了保障公司股权与团队的稳定性、兼顾配偶合理的经济利益，就要稳固创业者后方的和谐家庭关系。一方面，要约定股权为创业者个人财产；另一方面，创业者要同意与配偶分享股权变现利益，做到钱权分离。总之，在结婚前一定要处理好财产问题。

第 四 章

股权激励原则与方式

　　股权激励是企业对员工进行长期激励的一种方法。是企业为了激励和留住核心人才，而推行的一种长期激励机制，有条件地给予激励对象部分股东权益，使其与企业结成利益共同体，从而实现企业的长期目标。然而，实质上是将企业股东与员工的利益捆绑，达到企业价值生产的最大化。股权激励方式多种多样，实施周期长，对组织和个人影响深远。

股权激励不是目的，提升业绩才是目的

股权激励，不是福利，也不是奖励。激励的价值在于激励员工的工作积极性，鼓励大家对公司做出更多的贡献，从而促成公司估值的提升，进而促进自己份额价值的提升。简而言之，股权激励不是目的，提升业绩才是目的。

☞不要把股权激励当作为员工谋福利

成长型企业主对于实施股权激励的目的存在理解上的偏差，只能给股权激励的实施带来很大阻碍。

某公司在新三板挂牌时有三个股东，考虑到挂牌上市后股份会有较大增值，公司 CEO 认为这是一个为大家谋福利鼓舞士气的好机会，于是在改制过程中吸收了约 40 位员工入股。其中，入股最少的只有 3000 多元，占公司股本总额的 1‰。结果，刚刚挂牌，个别小股东就以急需用钱为由要求企业主收购自己的股份。

根据《公司法》的规定：有限责任公司变更为股份有限公司后一年内，发起人不能转让股份。因为这些员工都是在改制过程中入股的，都是发起人，所以无法立即转让股份。企业主被逼无奈，只好先把自己的钱借给员工。

这家企业的问题就出在：错把股权激励当成员工福利，利益均沾，鼓励大家入股，个别员工对股权激励缺乏认识，只图眼前利益，不愿与公司长期发展。其实，要想提高员工福利，完全可以通过工资、奖金等现金形式给予。

股权激励是一种长期激励的形式，直接目的是吸引和激励优秀人才，调动其工作积极性，构建一个充满活力、忠诚、团结奋进的核心团队；终极目的是提升企业竞争力、创造优秀业绩、实现可持续发展。如果无法达到这一目的，就不要轻易给出股权。

☞认为股权激励是为了筹集资金

股权激励并不是使员工获得股权就了事，它是一套严格的管理制度体系。要想获得股权，也是有条件的，例如，激励对象只有不断完成绩效指标，才能获得相应数量的股权。此外，股权激励是长期激励，对于被激励对象来说，收益不确定。如果企业主不诚信，员工就不会相信企业主确实在搞股权激励，不但无法形成激励效应，反而会适得其反。

某公司的员工福利在当地处于中上水平，经过八年的发展，公司年销售额近3亿元。后来，公司发展急需冲入现金，大股东就借股权激励之名筹集现金，最终筹到了1000多万元。可是，在设计股权激励方案时，为了提高激励对象认购的积极性，公司设置的对价形同虚设，按公司正常发展趋势就能实现，门槛非常低，最终让股权激励变成了一种集资工具。

如果股权激励没有激励效果，对于公司治理结构的完善是毫无益处的。用低廉的"价格"出售公司股权，是对公司价值的严重低估，在员工向公司变卖股权时，必然会给公司造成重大损失。

☞用股权激励代替公司管理制度

股权激励不能等同于公司管理制度和绩效考核，需要一套严格的公司管理制度和绩效考核体系做支撑。公司管理制度、公司治理结构和绩效考核等都异常繁杂，企业要根据自己的情况不断构建和完善，是其他方式不能代替的。

某公司处于高速增长期，实施了股权激励。可是，由于公司成立时间不长、发展过快，使得到目前还没有成文的绩效考核制度，甚至连岗位说明书都没有，公司管理异常混乱，老板已经无暇顾及管理制度的建立。

为了规范公司管理，老板决定实施股权激励，他的初衷是：一旦实施股权激励，激励对象就成了公司主人，不用上级催促就会加班加点工作，如果看到有谁偷懒就会主动汇报上级。结果，经过半年的实践，不仅没有实现预期目的，还增加了额外费用，使得企业利润急剧下降。

股权激励只能作为制度的一个重要补充，为了发挥其协同作用，企业需要根据自身情况不断构建和完善。案例中，该公司用股权激励代替公司管理制度的做法显然是错误的。

☞科学设置股权激励方案

要想设置科学的股权激励方案，首先，要精选激励对象。股权激励要在战略高度上给予人才足够的重视，激励对象为公司的发展做出重大贡献。其次，激励股份要分期授予。每期分别向激励对象授予一定比例的股权。再次，约定处理意见。作为附加条件，激励对象每年必须完成公司下达的任务，并要约定在完不成任务、严重失职等情况下的股权处理意见。又次，积极考核。为了实现考核指标，公司应制定详细、明确的书面考核办法。最后，给予保障。大股东必须保障激励对象能够了解公司财务状况、获得年度分红等股东权利。

激励对象属于劳方，是处于弱势的一方，都有着较高的警惕心理，因此，激励计划要想达到预期的目的，就必须让激励对象行使股东权利，如了解公司财务状况、获得年度分红、对公司重大事项进行投票等。

股权激励方案设计九大要素

股权激励方案有很多，上市公司和非上市公司的股权激励方案也不尽相同，让很多企业无从下手。股权激励，需要考虑企业的发展周期和投资人的利益，选择适合自己企业的方法，然后才能进行方案的设计。方案的设计要着眼于九个关键因素，领悟了本文的九大要素，任何股权激励方案都能轻松分析和理解，以不变应万变。

☞明确股权激励的目的

公司操作股权激励，首先需要明确的是其主要目标是什么，如此，才可以决定股权激励的具体方案。

很多人认为，激励的目的是留住人才和吸引人才。如果对激励目的的理解仅限于此，那就别做股权激励了，因为肯定做不好。企业有吸引力，即使不做股权激励，也能将人才吸引过来；企业没吸引力，股权不值钱，即使做股权激励，也没人愿意加入。

股权激励隐喻的是公司的未来规划。例如，为了实现公司未来的目标，当下要做怎样的准备？为了做好准备，现有的员工需要进行怎样的成长、未来需要引进怎样的人才等。

不同公司的股权激励有着不同的目标，不同阶段也可能有不同的目标。大致包括：充分调动公司高管及核心员工的积极性；将股东利益和经营者个人利益捆绑在一起；约束短期行为，保障企业的长远发展；留住人才、降低竞争威胁；引进优秀人才，激发他们努力工作；降低高管薪酬成本；完善企业法人治理结构，促进企业建立约束机制……如此梳理下来，才能将激励目的真正落实到实处。成功的股权激励方案，都有明确的激励目的。

☞选择股权激励的对象

所谓确定对象就是给谁做股权激励。想做股权激励的企业基本上已经确定了激励对象，而这些对象往往都是很早以前就已经允诺的或企业急需留住的人才，此时企业做股权激励，就会比较被动，容易造成对其他人的不公。因此，在选择激励对象时，除了已经确定的人员之外，还需要考虑同职级的、未来引进的和储备的人才。即使本次方案不涉及这些人，也要留个对接方案，让所有人都能因这套股权激励方案而努力奋斗。

不同的目标要对应不同的激励方式。例如，如果主要目的是利益捆绑或降低竞争威胁，就要避免高管另立门户或加入竞争对手，就要给出实际股份；

如果目标是约束短期行为，就要采用实施期较长的激励方式，避免一次性赋予；如果想在未来引进优秀人才，则要留下充足的激励资源。

☞确定股权激励方式

股权激励的工具包括权益结算工具和现金结算工具，其中，权益结算中的常用工具有：股票期权、限制性股票、业绩股票、员工持股计划等。采用这种激励方式，优点是激励对象可以获得真实股权，公司不用支付大笔现金，有时还能获得现金流入；缺点是需要变动公司股本结构，原股东持股比例可能会稀释。

现金结算中的常用工具包括股票增值权、虚拟股票计划、利润分红等，优点是不影响公司股权结构，原有股东股权比例不会造成稀释。缺点是公司需要以现金形式支付，会给企业较大压力；同时由于激励对象不能获得真正的股权，也会影响到对员工的激励作用。

要想确定激励方式，就要综合考虑员工的人力资本价值、敬业忠诚度、员工出资意愿及公司激励力度等方面。根据公司的实际情况，可考虑如下激励方式：

对于人力资本价值高且忠诚度高的员工，可以采用实股或期股激励方式，在员工身上实现经营权与所有权的统一；对于不愿出资的员工，可以采用分红权激励和期权激励等方式，来提升他们参与股权激励的积极性。

当然，上述激励方式并非一成不变，在结合公司与激励对象现实需求的基础上，可以灵活运用并加以整合创新，设计出契合公司实际需求的激励方案。

☞股权激励的股份来源

针对现金结算类的股权激励方式，不涉及公司实际股权激励，因此不存在股份来源问题。这里，我们仅就权益类股权激励方式中的股份来源进行如下阐述。

1. 原始股东出让公司股份

以实际股份对公司员工实施激励，一般由原始股东向股权激励对象出让股份。根据支付对价的不同，可以分为两种情形：①股份赠予，原始股东向股权激励对象无偿转让一部分公司股份；②股份出让，出让的价格一般要根据企业注册资本或企业净资产的账面价值确定。

2. 采取增资的方式

公司授予股权激励对象以相对优惠的价格参与公司增资的权利。需要注意的是，在股权转让或增资过程中，要处理好原始股东的优先认购权问题。在股东会对股权激励方案进行表决时，可以约定其他股东对与股权激励有关的股权转让与增资事项放弃优先购买权。

☞股权激励的资金来源

为了不给公司造成资金压力，在现金结算的情况下，公司需要根据现金流量情况合理安排股权激励的范围和标准。而在权益结算的情况下，除公司或老股东无偿转让股份之外，股权激励对象也需要支付一定的资金来受让该部分股权。根据资金来源方式的不同，可以分为以下两种：

1. 激励对象自有资金

在实施股权激励计划时，激励对象是以自有资金购入对应的股份，员工的支付能力一般都不高，需要采取一些变通的方法，如在股权转让中采取分期付款的方式，而在增资中则可以分期缴纳出资或者由大股东提供借款。

2. 提取激励基金

为了支持股权激励制度的实施，可以建立相应的基金，专门用于股权激励计划。公司从税后利润中提取法定公积金后，经股东会或股东大会决议，还可以从税后利润中提取任意公积金，用于股权激励。公积金既可以用现金结算的方式进行股权激励，还能以权益结算的方式进行股权激励。

☞明确股权激励的约束条件

股权激励的约束条件就是对激励对象的制约条件，主要包括时间约束和业绩考核。

1. 时间约束

这一点容易理解，即什么时候才能获得股权、什么时候才能转卖掉。大多数企业做股权激励都会有意无意地进行这种时间约束。

2. 业绩考核

很多企业都认为，一旦做了股权激励，激励对象就会努力，就能达到公司的目标，错！没有业绩考核，想努力的人可能会搞错了努力的方向；而偷懒的人则会趁机坐享其成。因此，进行必要的业绩考核非常重要。

☞权衡股权激励的收益

所谓股权激励收益就是激励对象能获得多少钱，包括分红收益和增值收益。这是股权激励能否有效的另一个关键因素。

上市公司用股票做激励，如果股价一直跌停，就无法产生激励效果；非上市公司用股权做激励，如果不明确未来的收益兑现，股权也不能用来买房。

上市公司用股票做文章通常是增值收益，而非上市公司则要注意分红和增值间的搭配，因为企业在上市前，收益的兑现往往是企业自掏腰包。因此，要合理规划、权衡好企业发展和激励效果。

☞确定退出机制，避免法律纠纷

为规避法律纠纷，在推行股权激励方案前应事先明确退出机制。针对不同的激励方式，可以分别采用不同的退出机制。

1. 针对现金结算类激励方式，可以从三个方面界定退出办法

（1）对于合同期满、法定退休等正常的离职情况，已实现的激励成果归

激励对象所有，未实现部分则由企业收回。如果激励对象离开企业后还会在一定程度上影响企业的经营业绩，未实现部分也能予以保留，激励他们继续关注公司的发展。

（2）对于辞职、辞退等非正常退出情况，除了未实现部分自动作废之外，已实现部分的收益可以归属激励对象所有。

（3）如果激励对象连续几次都没有达到业绩指标，激励资格就会自动取消。

2. 针对权益结算类激励方式，可从以下三方面界定相关退出办法

（1）在激励对象取得公司实际股权后，变更公司章程，章程对公司和股东都有约束力。

（2）在股权激励设计方案中，对退股的转让价格约定为公司实际账面净资产价值或市场公允价值。

（3）在股权激励协议中，约定或另行出具其他股东承诺放弃优先购买权。

☞股权激励中的税收问题

股权激励过程中涉及的税收问题主要体现在以下两个方面：

1. 公司股权激励支出能否在公司成本中列支

目前，我国还没有对非上市公司股权激励过程中的税收问题作出明确规定，但在相关条例中可以找到依据。

《中华人民共和国企业所得税法实施条例》第 34 条规定："企业发生合理的工资薪金支出，准予扣除。前款所称工资薪金，是指企业每一纳税年度支付给在本企业任职或者受雇员工的所有现金形式或者非现金形式的劳动报酬，包括基本工资、奖金、津贴、补贴、年终加薪、加班工资，以及与员工任职或者受雇有关的其他支出。"

国家税务总局在《关于我国居民企业实行股权激励计划有关企业所得税处理问题的公告》第 3 款规定："在我国境外上市的居民企业和非上市公司，

凡比照《管理办法》的规定建立员工股权激励计划，且在企业会计处理上，也按我国会计准则的有关规定处理的，其股权激励计划有关企业所得税处理问题，可以按照上述规定执行。"

根据上述条例的规定可知，非上市公司的股权激励支出，可以在公司成本中列支，但要区别对待：针对股权激励计划实行后立即可以行权的，确定作为当年公司工资薪金支出，依照税法规定进行税前扣除针对股权激励计划实行后，待一定服务年限或者达到规定业绩条件（以下简称"等待期"）才能行权的，公司会计上计算确认的相关成本费用，不能在对应年度计算缴纳企业所得税时扣除。在股权激励计划可行权后，公司才能根据该股票实际行权时的公允价格与当年激励对象实际行权支付价格的差额及数量，计算出当年的公司工资薪金支出，依照税法规定进行税前扣除。

2. 激励对象获得的股权激励份额的税收问题

国家税务总局《关于个人认购股票等有价证券而从雇主取得折扣或补贴收入有关征收个人所得税问题的通知》（国税发〔1998〕9号）规定，在中国负有纳税义务的个人认购股票等有价证券，因其受雇期间的表现或业绩，从其雇主以不同形式取得的折扣或补贴；属于该个人因受雇而取得的工资、薪金所得，应在雇员实际认购股票等有价证券时，按照《中华人民共和国个人所得税法》（以下称《个人所得税法》）及其实施条例和其他有关规定计算缴纳个人所得税。上述个人在认购股票等有价证券后再行转让所取得的所得，对于属于税法及其实施条例规定的股票等有价证券转让所得，适用有关对股票等有价证券转让所得征收个人所得税的规定。

除了国税发〔1998〕9号规定之外，目前关于非上市公司股份期权计划还没有其他政策规定。由此可以看出，非上市公司雇员应在实际认购股票等有价证券时，按照《个人所得税法》及其实施条例和其他有关规定计算缴纳个人所得税。根据我国《个人所得税法》规定，工资、薪金所得，适用超额累进税率，税率为3%~45%；利息、股息、红利所得、财产转让所得和其他所得适用比例税率，税率为20%。

……

从本质上来说，股权激励方案就是上述九大要素的组合，要想学好股权激励，一定要对这九大要素有深刻认识。只要一个股权激励方案能套用这九大要素，股权激励方案就会取得预期效果。

股权激励过程：六定法

股权激励要分阶段，根据企业发展的不同阶段，可以对不同员工提出不同的股权激励方案。股权激励的全过程其实就是"六定法"的实施过程，"六定法"即定对象、定价格、定模式、定时间、定数量和定规则。

☞定对象：选择并确定需要股权激励的人

所谓定对象就是确定哪些人员可以参与股权激励计划。进行股权激励时，首先要搞清的问题是股权激励的对象是什么？该如何选择？任何问题的解决都要找到适当的突破口，只有找对了方向，才能更好地实施股权激励。

那么股权应该给哪些人？股权应该给CEO、团队负责人、"未来之星"、"上下游"。下面我们分别来看看。

（1）企业CEO。原则上，总裁、CEO、总经理等都必须进行股权激励。这里有一种情况需要引起特别注意。例如，你和几个合伙人一起创办企业，除你之外，另外几个人只出钱但没在企业里工作；或者他们曾经在企业工作过，但后来因为价值观不同或能力问题等慢慢退出了公司。

（2）团队负责人。对于企业的业务团队负责人，也必须进行股权激励，特别是在小企业中。如果对这个人的能力、品行等不能确定，可以采用虚拟股权激励的方式。对非业务团队的负责人，如财务总监、研发总监、客服总监，也要进行股权激励。原则上他们都可以成为企业的股东，但不一定到工商局注册，可以采用虚拟股权进行激励。他们虽然不是公司的注册股东，但依然可以和老板享有同等的分红待遇；而且，不同部门的负责人，股权激励的额度也可以不同。职务相同，贡献不同，激励额度就会有所不同。

（3）未来之星。通常"未来之星"是指这样一类员工：本来非常优秀，因为种种原因还不是部门负责人，却是企业内部的重点培养对象，是企业未来的栋梁。对于他们，企业同样要进行股权激励。

（4）上下游。对企业的上下游也要进行股权激励。只要跟这些人紧密捆绑在一起，就能形成一条产业链。同行只是这个产业链上的一个点，通过股权激励来经营整条产业链，就能掌握更多的话语权。

此外，不仅要激励上下游，还要激励行政部门的相关人员，激励圈子外的所有利益相关者。通过股权激励措施，形成一个点、线、面的结合体，整体力量就会日渐强大，别人也就无法与你的企业进行竞争与抗衡了。

上面所述是基于企业股权激励的一般情况来说的，如遇其他特殊情形，需要企业灵活应对。

☞定价格：确定合理价格实现有效激励

定价格，就是确定员工以什么样的价格获得股票。在进行股权激励时，股份的定价是最令企业创始人纠结的一个问题，定高了担心员工不买账，定低了，又觉得吃亏。同时，还涉及是免费送还是花钱买的问题。怎么办？答案如下：

1. 非上市公司股权定价方法有四种

（1）以注册资本金为基准确定。当公司的注册资本金等于或小于去净资产时，公司可以以注册资本金为基准确定股权激励授予价格。

（2）以净资产为基准确定。当公司净资产明显大于或小于注册资本金时，公司应当选择权威的第三方专业会计机构评估每股净资产值，再以每股净资产价值确定股权激励对象的股权行权价格。

（3）以资本市场估值为基准确定。公司通过资本市场引进风险投资，股权激励就应当以公司最近一次风险投资进入时每股价格为基准，另外再给予适当的折扣作为激励对象的股权行权价格。

（4）结合各定价因素综合确定。

2. 上市公司股权定价方法包括两个方面

（1）上市公司股票期权价格。《上市公司股权激励管理办法》第29条规定，上市公司在授予激励对象股权期权时，应确定行权价格或行权价格的方法。行权价格不能低于股票票面金额，原则上不能低于下列价格较高者：股权激励计划草案公布前一个交易日的公司股票交易均价；股权激励计划草案公布前20个交易日、60个交易日或120个交易日的公司股票交易均价之一。

（2）上市公司限制性股票价格。根据《上市公司股权激励管理办法》第23条规定，上市公司在授予激励对象限制性股票时，应确定行权价格或行权价格的确定方法。行权价格不能低于股票票面金额，原则上不能低于下列价格较高者：股权激励计划草案公布前一个交易日的公司股票交易均价的50%；股权激励计划草案公布前20个交易日、60个交易日或120个交易日的公司股票交易均价之一的50%。

（3）行权价格的调整方法。由于受政策风险、经济周期性波动风险、利率风险、购买力风险、汇率风险等系统性风险的影响，股票价值低于行权价时，公司应及时调整行权价格，避免给激励对象造成经济损失，从而挽救激励对象对公司和工作的信心。具体方法有：采取其他补偿形式、重新设定行权价格、重新设定激励计划等。

☞定模式：选择适合公司现状的激励方式

选用的股权激励模式的不同，股权激励方案的内容、达到的激励效果，公司的激励成本支出，也存在较大的区别。为了选择适合于自己企业的股权激励模式，应重点考虑公司的类型特点及所处不同发展阶段的情况。

常见的股权激励有十种模式，分别是干股和分红股、期股、股票期权、限制性股票、业绩股票、股票增值权、账面资产增值计划、虚拟股票、管理层收购（MBO）、员工持股计划（ESOP）。

公司有上市公司和非上市公司两种类型，其股权激励模式也各有不同。上市公司的股权激励模式比非上市公司的要少，目前，《上市公司股权激励管理办法》规定的只有股票期权、限制性股票。在已经实施了股权激励的上市公司中，大约70%的公司采用的是股票期权模式，大约25%的公司采用的是限制性股票模式，只有少数公司采用的是其他模式。非上市公司的股权激励，因为没有专门的法规规定，所以其设计和实施比较灵活，只要不违反《公司法》《合同法》等相关法律法规，都可以实施。

☞定时间：确定节奏松弛有度

股权激励计划中涉及的时间主要包括以下九个：有效期、等待期、行权期、窗口期、锁定期、解锁期，此外还有授权日、可行权日、失效日等概念。企业应该根据法律规定、激励中的约束及管理的需要，制定相应的时间表。

1. 有效期

有效期是指从授予日起到股权激励失效之日止的整个时间跨度，也叫股权激励的执行期限。在授予股权激励计划时，股权激励合同必须明确计划有效期限，股权激励必须在这个期限内执行，超过这个期限，股权激励计划就作废。

从股东的角度来看，有效期越长越好，如果有效期越长，对经理人的捆绑时间就越长；但从经理人的角度来看，有效期越长，其未来不可预测性就越大，未来收益贴现到当期的价值就越小，对经理人的激励就越小。

2. 等待期

等待期是指从授权日到最早可行权日这段时间。授予股权激励计划后，激励对象并不能立刻行使权力，必须等到可行权日，才能选择是否行权。如此，就能对授予对象进行长期捆绑，防止经理人获取投机性利润。如果激励对象在等待期离开公司，激励就会取消如此就能加大激励对象的离职成本，有利于留住人才。

3. 行权期

在可行权日到失效日之间，上市公司的激励对象可以根据公司价值的变化，以股价被动选择一个对自己有利的时机行权，但必须在失效日之前完成行权。

4. 窗口期

法律法规在行权期内设了窗口期，激励对象能在窗口期内行权。在我国，《上市公司股权激励管理办法》第 27 条规定的窗口期是："激励对象应当在上市公司定期报告公布后第二个交易日，至下一次定期报告公布前十个交易日内行权，但不能在下列期间内行权：①重大交易或重大事项决定过程中至该事项公布后两个交易日；②其他可能影响股价的重大事件发生之日起至公告后两个交易日。"

5. 锁定期

锁定期是指在行权后，强制规定必须持股一段时间才能出售、转让。有的公司在做股权激励时规定："激励对象为公司董事、高级管理者的，其在任职期间每年转让的股份不能超过其所持有本公司股份总数的 25%；在离职后半年内，不能转让其所持有的本公司股份；申报离任 6 个月后的 12 个月内，通过证券交易所挂牌出售本公司股份占其所持公司股份总数比例不能超过 50%。"

6. 解锁期

解锁期是指锁定期满次日起到有效期满之日止（期股）。激励对象可以对所持股份进行一次性转让或分几次转让。

7. 授权日

授权日又称授予日，即公司向激励对象授予股权激励的日期。对于上市公司来说，授权日必须是交易日；对非上市公司来说，授权日没有法律限制，可以根据自己的实际情况来确定；但对于上市公司来说，是有限制的。为了防止激励对象通过控制信息披露而操纵股价，规定："在重大交易和重大事项发生后的一段时间内，以年报和中报披露前的一段时间内禁止授予股权激励。"

香港创业板规定："在上市公司任何可能会影响股价的敏感事件做出决定和公布之前不能授予股权激励；特别是在初次公布年度报告和中期报告前1个月内不能授予股权激励，直至该报告公布后才能实施；另外，在向创业板提交上市申请前6个月内不能授予股权激励。"

我国《上市公司股权激励管理办法》第26条规定："上市公司在下列期间内不能向激励对象授予股票期权：定期报告公布前30日；重大交易或重大事项决定过程中至该事项公告后2个交易日；其他可能影响股价的重大事项发生之日起至公告后的2个交易日。"

8. 可行权日

可行权日是指激励对象可以开始行权的日期。对于上市公司来说，可行权日必须是交易日。

9. 失效日

失效日是指过了这一天，如果激励对象还没有行权，股权激励就作废，不能再行权。

☞定数量：测算用于股权激励的合理份额

所谓定数量就是确定激励对象个人分配数量，具体包括以下三个方面：

1. 拿多少股权激励

企业中各层级岗位的重要性和价值贡献度是不一样的，因此必须根据公司特点对激励对象所任职岗位进行分类分层级，然后初步确定各层级的预期激励水平，从而大致确定该层级应拿多少股权激励。根据各层级的特点设计不同的分配公式在股权激励项目中，为保证激励对象个量分配的合理性，要针对各岗位层级的特点进行分别设计。

2. 给每个人分多少

股权激励最常见的问题是"给多少"？总的来说，给多少主要取决于员工在公司的职位、薪水和公司的发展阶段。例如，在公司初创时期（定义在VC进入之前），副总持有2%～5%的股份。A轮融资之后，副总变为持有1%～2%的股份。B轮融资后，副总变为持有0.5%～1%的股份。C轮或者接近IPO的时候，副总就变为持有0.2%～0.5%的股份。

公司除了创始人之外的核心高管（CTO、CFO等）一般是VP的2～3倍，总监级别的一般是副总的1/3～1/2，以此类推。这只是一个大约的估计，实际操作上还会涉及到很多因素。例如，副总可能拥有更多的期权，才愿意把他的工资降到很低。公司发展到后期，期权就不再以百分比来分配，而是以股数来分配了。

3. 激励总量与分配个量的问题

总量（股权激励的总量）和个量（参与股权激励的员工每个人分配的数量）是定量的两个部分。总量的确定一般要考虑未来总体员工的持股比例，以及控股权问题。

至于个量，可以从若干维度来进行衡量，如岗位价值、个人能力、历史贡献、市场稀缺、文化认同等，虽然这些维度的评价相对有一定难度，但也可以转换成其他的一套指标，如薪酬、过去几年的绩效、工龄、战略契合、文化认同等。个量的确定还应该考虑激励的力度问题，如未来公司的总市值如何、给予员工的股权未来价值如何等。

☞定规则：确保激励计划面对变化平稳运行

定规则主要包括制定激励对象异动处理规则和业绩考核规则。

1. 激励对象异动处理规则

在实施股权激励时，中小企业都会遇到激励对象异动的情况，如激励对象因辞职、公司裁员而离职等。在情况发生之日，对激励对象已经获准行权但尚未行使的股票期权终止行权，未获准行权的期权作废；激励对象以个人名义花钱购买的股权，公司应以原价回购；虚拟股票、股票增值权、账面价值增值权及延期支付，如果因激励对象在考核结束前辞职离开公司，不需要再向激励对象支付红利或其他股权权益；激励对象因正常的岗位调动导致职务发生变更的，已获授的股权激励不做变更，继续有效；激励对象因退休而离职，在情况发生之日，对激励对象已获准行权但尚未行使的激励股权继续保留行权权利，并在 6 个月内完成行权，其未获准行权的激励股权作废。

其实，激励对象异动的情况在上市公司也会出现，上市公司都做出了特殊规定。一般来说，上市公司发生以下任何一种情形，就会终止实施股权激励计划，不能向激励对象继续授予新的权益，激励对象根据股权激励计划已获授但尚未行使的权益应当终止行使：

（1）最近一个会计《年度财务会计报告》被注册会计师出具否定意见或无法表示意见的审计报告。

（2）最近一个会计《年度财务报告》内部控制被注册会计师出具否定意见或无法表示意见的审计报告。

（3）上市后最近 36 个月内出现过未按法律法规、公司章程、公开承诺进行利润分配的情形。

（4）在股权激励计划实施过程中，员工出现下列情形的，不能成为激励对象，上市公司不能继续授予其权益，其已获授但尚未行使的权益应当终止行使：最近 12 个月内被证券交易所认定为不适当人选；最近 12 个月内被中国证监会及其派出机构认定为不适当人选；最近 12 个月内因重大违法违规行为被中国证监会及其派出机构行政处罚或采取市场禁入措施；具有《公司法》规定的不能担任公司董事、高级管理者情形的；法律法规规定不能参与上市公司股权激励的；中国证监会认定的其他情形。

2. 激励对象业绩考核规则

业绩考核规则包括三个方面的内容：

（1）考核机构。在上市公司或大型公司由公司董事会薪酬与考核委员会负责领导和组织考核工作，并负责对激励对象进行考核，而规模较小的中小企业一般设立股权激励考核委员会作为对激励对象进行考核的机构，组成人员包括大股东、执行董事、律师、会计师、总经理和监事。

（2）考核期间与次数。激励对象获授或解锁限制性股份的前一会计年度为考核期间。股权激励计划实施期间每年都要考核一次。

（3）考核程序。公司人力资源部在董事会薪酬与考核委员会的指导下负责具体的考核工作，未设置董事会薪酬与考核委员会的公司，公司人力资源部应在股权激励考核委员会的指导下工作，公司保存考核结果，并在此基础上形成绩效考核报告，上交董事会薪酬与考核委员会或股权激励考核委员会。之后，由董事会薪酬与考核委员会或股权激励考核委员根据考核报告确定被激励对象的股权授予、行权或解锁数量。

股权激励的九种激励模式

在中国的股权激励实践中，已经引进和创造了十多种股权激励模式，其中有九种股权激励模式是比较典型和常见的，包括股票期权、期股、业绩股票、业绩单位、限制性股票、虚拟股票、股票增值权、延期支付和员工持股。对于任何一家企业来讲，普遍适用的最优股权激励模式是不存在的，但一定可以设计出合适自身企业的最优模式。下面针对这九种不同的股权激励模式的概念、特点和相关案例做简要介绍。

☞股票期权激励模式

股票期权模式是国际上最为经典、使用最为广泛的股权激励模式。其内容要点是：公司经股东大会同意，将预留的已发行未公开上市的普通股股票认股权作为"一揽子"报酬中的一部分，以事先确定的某一期权价格有条件地无偿授予或奖励给公司高层管理者和技术骨干，股票期权的享有者可在规定的时期内做出行权、兑现等选择。

微软是世界上最大的股票期权使用者，也是第一家用股票期权激励普通员工的。微软为董事、高管层和员工制订了股票期权计划，提供激励性股票期权和限制性股票期权。员工的主要收入来源并不是薪水，而是股票升值。公司创立了一个"低工资高股份"的典范，员工拥有股票的比率比其他任何上市公司都要高。

微软通过股票期权激励模式凝聚员工，留住人才，吸收资金，扩大经营，取得了明显的成效。股票期权激励模式的作用由此可见一斑。可是，设计和实施股票期权模式，公司必须是公众上市公司，必须有合理合法的、可资实施股票期权的股票来源，必须有个股价能基本反映股票内在价值、运作比较规范、秩序良好的资本市场载体。

☞股份期权激励模式

股份期权模式是一种股票期权改造模式，又称虚拟股票计划。在非上市股份有限公司中，首先将公司所有权转化为若干虚拟股份，然后根据特定的契约条件，赋予企业经营者或劳动者在一定的时间内以某个约定的价格购买一定份额的股权（虚拟股份）的权利。

北京市就是这种模式的设计和推广者，这种模式又被称为"北京期权模式"，北京市的中关村置业博飞仪器、北开股份、同仁堂通州分公司等十多家公司制企业都采用了这种模式。该模式规定：经公司出资人或董事会同意，公司高级管理可以以群体形式获得公司5%~20%的股权，其中董事长和经理的持股比例应占群体持股数的10%以上。

经营者如果想持股，必须先出资，一般不能少于10万元；经营者所持股份额，以其出资金额的1~4倍确定。三年任期届满，完成协议指标，再过两年，就能按届满时的每股净资产变现。

"北京期权"模式的一大特点是推出了"3+2"收益方式，所谓"3+2"就是在三年任期届满后，如果经营者不再续聘，要对其经营方式对企业的长期影响再做两年的考察，评估合格，才能兑现其收入。

☞业绩股票激励模式

业绩股票激励是股权激励的一种典型模式，是指在年初确定一个较为合理的业绩目标，如果激励对象到年末时达到这个目标，公司就要授予一定数量的股票或提取一定的奖励基金购买公司股票。

某企业根据公司推出的《激励机制实施细则》，在每年年度财务报告公布后，根据年度业绩考核结果对有关人员实施奖罚。考核合格时，公司将提取年度净利润的2%作为对公司董事会成员、高层管理者及有重大贡献的业务骨干的激励基金，基金只能用于为激励对象购买泰达股份的流通股票并作相应冻结；达不到考核标准的，要给予相应的处罚，并要求受罚人员以现金方式在6个月之内清偿处罚资金。具体的奖惩实施由公司监事、财务顾问、法律顾问组成的激励管理委员会负责。

该公司的业绩股票激励方案体现了以下四个特点。

1. 激励模式选择恰当

该公司是一家综合类的上市公司，业绩较为平稳，现金流量也较为充裕，比较适合实行业绩股票计划。

2. 激励范围较为合理

该公司业绩股票计划的激励对象包括公司高级管理者和核心骨干员工，既对管理层对公司的贡献做出了补偿，能够激励管理层为公司的长期发展及股东利益最大化而努力，同时也有利于公司吸引和留住业务骨干，保持公司在核心人力资源方面的优势。另外，这种激励范围有效控制了公司的激励成本，使成本与效益比达到较佳状态。

3. 激励力度偏小

公司激励方案确定的激励力度不会大于当年净利润的2%，从实施业绩股票激励制度的上市公司总体来看，是较低的。

4. 股权激励的实施时机较为适宜

该公司在股权激励方案设计时，正值公司对内部管理机制和行业及产品业务结构进行大刀阔斧的改革和重组创新，企业结构发生较大调整。此时进行股权激励制度安排，有利于公司管理制度的整体设计，有利于股权激励制度与其他管理制度之间的协调和融合，能够降低制度安排和运行的成本，可以产生最佳的激励效果，更易于为公司股东、员工和社会公众所接受。

☞业绩单位激励模式

业绩单位模式与业绩股票模式完全相同，只不过，业绩单位减少了股价的影响。业绩单位支付的是现金，还是按考核期期初市盈率计算的股价折算的现金。在业绩单位方案下，高层管理者的收入是现金或市值等于现金的股票，除了有期初市盈率这一价格影响的痕迹之外，不会受到股价的其他影响。

某公司激励方案规定：实现经营目标（税后利润指标），提取税后利润的2%作为基本奖励金；超额完成指标，再按超额区间分段提取，作为超额奖励金；超额10%（含10%），提取超额部分的30%；超额10%~20%（含20%），提取此区段的40%；超额20%以上，提取此区段的50%。

这个激励方案强调了收益风险对等原则，在设置奖励金的同时规定：实现税后利润低于指标的10%，按上年度经营者收入扣减30%；低于指标的10%~20%，扣减40%；低于指标的20%~30%，扣减50%。在奖励基金中，30%采用现金形式分发给有关个人，70%作为风险基金，由公司统一托管。

激励方案还规定，在合同期间离开公司或有严重错误使公司遭受损失，公司有权酌情减少或取消其奖励基金。

业绩单位激励模式虽然绕开股价，但它由期初市盈率和期末每股收益计算激励收入，依然保留有期初市盈率划过的痕迹。在现有的情况下，公司可以运用股票增值权来激励高管，其基本思路是，持有股票增值权的高管可以根据公司年度末与年度初的净资产增值额与股票增值权数量获得奖励，持有者有收益权，但没有所有权、表决权和配股权。运用股票增值权，既避开了使用不稳定的公司股价来作为评价指标，又绕开了目前我国法律、政策上的限制。另外，持有者仅有收益权没有所有权和表决权，还能保护股东的利益。

☞限制性股票激励模式

所谓限制性股票是指上市公司按照预先确定的条件授予激励对象一定数量的公司股票，激励对象只有在工作年限或业绩目标符合股权激励计划规定条件的，才能出售限制性股票并从中获益。

限制性股票的"限制"主要体现在两个方面，一方面获得条件，另一方面出售条件，但一般来看，重点指向性很明确的是在第二个方面。并且方案都是依照各公司实际情况来设计的，具有一定的灵活性。

就限制性股权方式来说，无论是上市公司、挂牌公司，还是未上市未挂牌的其他公司，采用这种方式的都非常多。例如，华海药业2015年的《限制性股票激励方案》；新三板挂牌企业，如分豆教育2015年的《限制性股票激励方案》。

☞虚拟股票激励模式

所谓虚拟股票是指公司授予激励对象一种虚拟股票，激励对象可以据此享受一定数量的分红权和股价升值收益。此时的收入就是未来股价与当前股价的差价，但没有所有权和表决权，不能转让和出售，员工离开企业，会自动失效。虚拟股票在高科技企业如IT业中采用较多，如"上海贝岭"在企业内部试行了"虚拟股票赠予与持有激励计划"。

这套方案的总体构思是：将每年员工奖励基金转换为公司的"虚拟股票"，并由授予对象持有，持有人在规定的期限后按照公司的真实股票市场价格以现金分期兑现。公司每年从税后利润中提取一定数额的奖励基金，再从奖励基金中拿出一部分来实施这一计划。年初董事会与激励对象签订协议，年底按协议考核确定奖励基金提取数额及各获奖人员所获虚拟股票的数额。在员工虚拟持股后，如果实施送配股，会同步增加持有的股数；如果进行分红，员工也能获得相应的现金。当员工持有达到一定年限后，可以将虚拟股票按一定速度分阶段兑现。

虚拟股票和股票期权有些类似的特性和操作方法，如激励对象和公司在计划施行前签订合约，约定给予虚拟股票的数量、兑现时间表、兑现条件等。两者的区别在于：虚拟股票并不是实质性的股票认购权，是将奖金延期支付，虚拟股票资金来源于企业的奖励基金。虚拟股票的发放会导致公司现金支出，股价大幅上升，公司可能面临现金支付风险，因此一般要为激励计划设立专门的基金。

☞股票增值权激励模式

股票增值权是指公司给予激励对象一种权利：经营者可以在规定时间内获得规定数量的股票股价上升所带来的收益，但不拥有这些股票的所有权，不拥有表决权、配股权。按照合同的具体规定，股票增值权的实现可以是全额兑现，也可以部分兑现。另外，股票增值权的实施可以用现金实施，也可以折合成股票，还可以现金和股票形式进行组合。

股票增值权激励的使用要满足以下三个条件：①股票薪酬计划可得股票数额有限；②股票期权或股票赠予导致的股权稀释太大；③封闭公司，没有股票给员工。

使用股票增值权激励模式典型的例子是"中石化"。

在向境外发行 H 股时，"中石化"预留股份作为股票来源，对高层管理者采用股票增值权激励。根据上市时股票价格与行使时股价的差额，将股价上升部分作为奖励分配给增值权持有人。授予对象是在关键部门工作的 480 名中高级管理者——包括董监事（不含独立董事）、总裁、副总裁、财务总监、各事业部负责人、各职能部门负责人和各分（子）公司及附属公司负责人。

这次股票增值权数量是 2.517 亿股 H 股，占总股本的 0.3%。具体的行权方法是：行权价为 H 股发行价，即 1.61 港元，两年后行权，自行权之日起第三、第四、第五年的行权比例分别为 30%、30% 和 40%，有效期是五年。

在股票增值权的考核指标上，"中石化"专门设立了关键业绩考核指标。

关键业绩考核指标主要包括：利润、回报率和成本降低额等。增值权持有人必须在考核指标达标后，才能行使权力。因此，股票增值权能否行使，不仅与公司的股价有关，还与个人的业绩密切相关。

上市公司高级管理层的收入分成三部分——工资、业绩奖金和股票增值权，后两部分是浮动的，占到个人收入的 65%~75%。

股票增值权的主要设计思路是以公司股票在市场的价格升幅来给持有人创造收益。增值权持有人要想获得收益，必须努力提升公司业绩，以换取市场的认同而使股价上扬。这样，股价的上扬要求也就成了对持有人强有力的约束。

☞延期支付激励模式

延期支付是公司为激励对象设计的一揽子薪酬收入，部分收入不在当年发放，而是按公司股票市价折算成股票数量，在一定期限后，以公司股票形式或根据届时股票市值以现金方式支付给激励对象。

某集团公司的延期支付方案主要思路是公司对完成考核指标的管理层进行"效益薪金"奖励，并进行一定时间的冻结，以任职期限为延期期限。

在此方案中，公司高层领导的薪酬结构由三部分组成：年薪、股票、福利。总裁不仅会获得 12 万元年薪，还能根据上一年度的"综合业绩"——完成的利润指标及对公司长远发展的努力程度来确定"效益薪金"，而且70%的效益薪金要用于购买本公司股票。

公司高级管理者和下属公司经理实行按净利润 5% 提取效益薪金制度，效益薪金 70% 再用于购买本公司股票，并锁定用于企业风险抵押。

对适宜划小经营的外贸等子公司经理人员，首先，按公司注册资本10%~30%的比例持虚股，只有分红权，没有实际所有权；其次，再将所得红利的 70%，转为个人对公司的实际出资，使虚股转为实股，逐步使子公司经营者个人实际出资达到公司注册资本的 10%~30%。

控股子公司经营者实行持股经营，持股比例 5%~30% 不等。对有经营管理能力而资金不足的经营者，先给 10% 的干股。如果经营得不错，来年的红利会全额填空。经过多年努力，逐步变干股为实股，一直到规定的限额。

该延期支付方案，在集团公司与子公司采用了不同的激励方法：公司的高级管理者是采取效益薪金制度，子公司经营者要求持股经营。所有者和经营者有机结合。在方案中，先授予激励对象股权，将其所持股份的红利转为实际出资，直至激励对象实际持有股份。这一方案成功地解决了经营者对持股的现金要求。

延期支付是一种以绩效为基础的激励方式，在分类上属于利润分享计划，是国外大企业中运用最广泛的一种奖金支付方法。在通常情况下，企业会在其税前利润中提取一部分放在长期激励基金中，依据员工的贡献在 3~5 年的期间里进行分配。如此，被激励者就能避免集中收入过高导致的高纳税税率；还能对被激励者生产长期激励作用，被激励者能否得到这笔奖金，要看其是否继续为企业工作，这样做有利于留住核心人才。

☞员工持股激励模式

员工持股是指由内部员工认购本公司股权，所获股权或是公司无偿赠予，或是公司补贴，或是自行出资购买，然后委托员工持股会管理运作，由员工持股会代表持股员工进入董事会参与公司管理。

员工持股制度让员工持股运营，其利益与企业前途紧密连接在一起，达到一种新型利益制衡，即按劳分配与按资分配相结合的机制。员工持股后便承担了一定的投资风险，能够唤起他们的风险意识，跟企业有福共享、有难共担，有助于增强企业对员工的凝聚力。国内经典的员工持股案例就是华为技术有限公司。

华为的员工共持有华为公司股份的 98.58%。这一比例远不是控股与绝对控股的概念，而几乎是全部股权，创始人任正非仅持股 1.42%。

华为的成功不是偶然的，依靠的就是任正非的远见卓识与宽阔胸怀。员工持股在早期也许是华为的内部融资方式，但后来逐渐成为华为发展的内生动力，其附属产生的组织形态形成了集体治理代替公司法人治理的效果。

激励与约束的权重

没有一定的约束条件，股权激励计划就成了单纯的奖励计划。

股权激励计划的约束条件规定了奖励的对价，为了取得这种长期且可能是巨额的报酬，就要达到足以让公司及原股东满意的业绩标准。

股权激励计划的约束条件分为两个方面：一方面是股权激励计划的授予条件，另一方面是股权激励计划的行权条件。而每一约束条件都分为两类：一类是针对公司的约束条件，另一类是针对激励对象的约束条件。

☞股权激励计划的授予条件

上市公司实施股权激励计划的授予条件是，公司和激励对象不能出现下列情形：①最近一年内，会计年度的《财务会计报告》被注册会计师出具否定意见或者无法表示意见的审计报告；②最近一年内，因重大违法违规行为被中国证监会予以行政处罚；③中国证监会认定的不能实行股权激励计划的其他情形；④最近三年内，被交易所公开谴责或宣布为不适当人选；⑤最近三年内，因重大违法违规行为被中国证监会予以行政处罚的；⑥具有《公司法》规定的不能担任公司董事、监事高级管理者情形的。

非上市公司实施股权激励计划并没有法定的授予条件，公司可以灵活地决定是否要设置股权激励计划的授予条件。一般来说，不用对非上市公司设置授予资格主体条件。因为对于非上市公司来说，如果公司根本就不符合股权激励计划的授予条件，又如何实施股权激励计划？非上市公司虽然可以不设置对激励对象的授予条件，但是为了确保股权激励计划的公平进行，就要明确：在激励对象的范围内，同一岗位为什么有的员工能够获得激励计划授予资格，而有的员工却没有获得？应尽量避免公司员工内部相互猜忌。

☞股权激励计划的行权条件

股权激励计划的行权条件就是对股权激励计划所要达到的绩效的考核条件，这种绩效考核分为两类：一类是对激励对象的绩效考核，另一类是对公司的经营业绩考核。

股权激励计划的行权条件，体现了公司股东即投资人的意志，是公司股东对授予股权激励标的后的预期回报要求，是股权激励的触发门槛，是管理层努力后的超额回报标准。

上市公司股权激励计划的行权条件中最基本的一条是，当激励对象和实施股权激励计划的上市公司在行权条件达成时，依然需要符合激励对象和实施股权激励计划的上市公司各自的获授条件。

激励对象要达到行权条件，不仅要符合激励对象的获授条件，还要在行权的上一年度根据《公司股权激励计划实施考核办法》绩效考核合格或者良好。上市公司实施股权激励计划的行权条件（考核业绩条件）在满足《上市公司股权激励管理办法》规定的基础上，可以根据自身情况，设定适合本公司的绩效考核指标。

绩效考核指标应包含财务指标和非财务指标，如果涉及会计利润，就要按新会计准则计算、扣除非经常性损益后的净利润；同时，还要在经常性损益中列出股权激励成本。

虽然非上市公司股权激励计划的行权条件规定比上市公司的规定更加灵活，但是两家公司基本内容是一致的。

股权激励与业绩考核指标

一套优秀的股权激励方案需要做到激励与约束的对等，其中的"激励"

就是激励对象既能提高收入，又能增加对公司的归属感；"约束"部分中的重头戏就是公司业绩考核的制定。那么，如何理解股权激励与绩效管理的关系？推进股权激励又如何合理设置业绩指标？这是此小节要讨论的两个问题。

☞股权激励与绩效管理的关系

厘清股权激励与绩效管理的关系，有助于分清两者的区别，进而选择适合的时机采用绩效管理及推行股权激励。

1. 从人性上讲

绩效管理更多地基于人性本恶的思想。它假定人都有惰性，需要设定目标并进行考核，才能催人奋进；人们为了完成绩效目标而努力工作，目标来自层层分解。首先，显示了公司层面的目标；其次，显示了部门层面的目标；最后，显示了个人层面的目标。

目标来自于层次分解，员工为了完成目标而工作；没有目标，人就会懈怠。股权激励更多地来自于人性本善的思想，假定人都有自动自发的能动性，都有产生自我成就的动机，只要有自我实现的平台和机制，即使没有目标设定，大家也会努力奋斗。

2. 从因果上来看

股权激励更多地强调因，从源头上解决大家的动力机制问题；绩效管理更多地强调果，结果导向，以结果论英雄。无所谓对错，如果结果容易衡量，只要通过绩效管理来进行即可；如果结果很难衡量，就可以推行股权激励，从源头上让大家自动自发。从目前社会发展趋势上来看，大众创业、万众创新提倡大家自动自发地工作，快速变化的社会环境也对目标设定提出了巨大挑战，未来较难预期，各企业都需要努力。

3. 从人才上来看

绩效管理培养的是合格的职业经理人，需要他们中规中矩、朝九晚五地完成目标；股权激励培养的是优秀的事业合伙人，培养的是小老板，需要他们像企业创始人和老板一样，为企业的未来殚精竭虑。从回报上看，绩效管理更多的是利益的分享，股权激励不仅是利益的分享，也是事业平台的分享，同时更是创业梦想的分享，所以，如果是一般的员工实行绩效管理即可，对于特别优秀的核心人才则要推行股权激励。

总的来说，绩效管理以约束为主，股权激励以激发为主；绩效管理强调外在目标的设定，股权激励强调内在的自动自发；绩效管理适用于稳定的环境条件，股权激励适用于高度不确定的环境条件；绩效管理培养合格的职业经理人，股权激励培养优秀的事业合伙人。

☞股权激励方案之业绩考核指标的设置

在股权激励的方案设计中，股权激励的正确逻辑是：通过明确的战略目标分解、业绩指标分解、岗位职能厘清及岗位价值判断、业绩考核，打通"战略→股权激励→业绩考核"整个链条，使股权激励成为推动战略落地的重要手段，实现公司价值的最大化。

例如，新三板挂牌企业。据全国中小企业股转让系统披露，截至 2016 年12 月，新三板挂牌公司已将近 1 万家，所以必须重现新三板企业股权激励的业绩考核指标。从法律层面来讲，由于新三板相关监管机构尚未出台针股权激励的相关政策，更多的是借鉴 A 股上市公司的方案进行设计，因此挂牌公司拥有更多的空间去设计和制定更为适合公司情况的业绩考核指标。

新三板上市公司仁会生物在同一期的股票期权激励计划中，针对每一次授出的股票期权设置了完全不同的行权考核条件。

股票期权激励计划，第一次授予部分的行权条件是 2015~2016 年公司生产"谊生泰注射液"新药证书、"谊生泰注射液"生产批件和"谊生泰注射液"产品，通过 GMP 认证并获得相关证书；第二次授予部分的行权条件为"谊生泰注射液"以稳定生产合格产品且达到原车间满产，产销率达到 80%、扩产车间完成 GMP 认证等；第三次授予部分的行权条件则为"贝那鲁肽注射液"产品 2017 年销售额达到 6000 万元人民币及一个新品种获批进入临床研究阶段。

此类业绩考核的设置，能够激励员工在公司发展的各关键节点分别完成不同阶段的业绩任务，继而形成一种动态化的业绩考核方案。

在整个股权激励计划的方案设计中，在合法合规的情况下制定出最为适合公司的业绩考核方案是非常重要的。如此，不仅能把激励对象与公司经营绩效联系起来，还能与股东的利益捆绑在一起。最终在达成公司业绩考核指标、实体业绩提升的情况下，对公司股价与市值起到正面的推动作用。

总之，股权激励作为对管理层、核心团队激励的有效方式，在公司治理中发挥着重要的作用，结合公司行业属性、业务结构、财务特征等特点，制定有针对性且符合行业实际情况及公司财务特征的考核指标，让企业包含业绩在内的存在状态指数与股权激励行为中的发生关联，实现正向促进，切实达到激励与约束的目的，才能最大限度地发挥出股权激励的作用。

股权激励与企业文化的共建原则

股权激励的本质是建立一种人与组织、人与环境高度匹配的机制，其以人为出发点，使企业能够根据环境变化自动调整策略和方向。从这个意义上来讲，股权激励反映了公司的企业文化。如果老板相信股权激励，下定决心推行股权激励后，还要看公司是否具备股权激励成功实施的土壤——企业文化。

☞股权激励倡导共创、共担、共享文化

企业文化就是一种共识，包含了对公司愿景的认同、对公司使命的肯定、对公司价值观的践行。如果公司没有企业文化，成员对组织存在的正当性、先进性就会存有疑问，对于组织未来的目标和发展就会认识不清，因此，更

无法将股权激励做出效果。一旦公司充满了溜须拍马、山头主义、拉帮结派等不良文化，也就无法将股权激励很好地推行下去。

股权激励倡导的文化是共创、共担、共享。共创是初心，共担是过程，共享是水到渠成的结果。没有初心和过程，如何谈结果？但在此之前，还得形成共识，这种共识主要体现在：第一，股东与员工要相互信任；第二，股东与员工要双向承诺；第三，股东与员工要有一致的愿景、使命、价值观；第四，股东与员工要相信通过努力，对于公司的未来目标可以达成共识，这也是企业文化的延伸。所以，要想使股权激励在公司中产生效果，企业文化建设必不可少。

☞股权激励是一种文化变革

股权激励能够在企业内部汇聚众人的智慧，前提是老板要放下身架，跟弟兄们一起商榷和沟通。这就是一种文化变革，当然要想实现这种变革首先就要实现四大"转变"：

（1）老板思维方式的转变。过去是领导和员工的关系，现在变成了弟兄关系，老板如何面对、适应这种改变？这是对老板提出的最大挑战。

（2）民主文化的转变。要从一个人说了算的专制文化转变到跟众弟兄一起商榷的民主文化。这要经历一个很痛苦的过程，民主文化的不断完善也是一个痛苦的过程。

（3）管理方式的转变。要从上下级管理转变到平等管理，这是一种软性的东西，需要努力营造。

（4）从命令、服从的文化到协商、参与的文化的转变。

文化的变革对企业的影响可能不会立即奏效，但意义却异常深远。19世纪法国政治理论家、历史学家、政治家、思想家夏尔·阿列克西·德·托克维尔（Charles Alexis de Tocqueville，1805～1859）在《论美国的民主》（De La Démocratieen Amérique）一书中说："积极参与政治社会生活是美国人的天性，也是他们乐此不疲的最大享受。完全陷身于私人事务会让他们的生活失去一半的乐趣。民主的好处就在于此，它虽不能给予人民最精明能干的政府，却能激发整个社会的活力和积极性，不断创造奇迹。"同样，对企业来说也是如此！让员工作为主人参与企业的经营管理，定然能激发出他们的智慧和潜能，这些资源都非常宝贵。

华耐家居第一次股东大会，60 多位股东逐字逐句讨论股东章程，开了近40 个小时，一直开到第三天的凌晨。股东们对这次会议非常认真，虽身心疲惫，却打造出了令他们感到自豪的股东章程。

事实证明，在会议中股东们争吵、讨论未必是坏事，往往会促使某件事的完善和改进。股权激励引发的企业文化变革，会让员工骨子里产生一种主人感，会产生巨大的竞争力和创造力。否则，依然是员工的感觉，股权激励就不会产生很好的效果。

第五章

股权众筹或非法集资

目前，股权类众筹是法律风险最大的众筹模式，最可能涉及的犯罪是非法集资犯罪。非法集资通常都是以承诺一定期限还本付息为标准，承诺的利息往往高于银行利息；而股权众筹则是召集一批有共同兴趣和价值观的朋友一起投资创业，不会承诺固定回报，既能享受股东权利，也要承担股东风险。因此，从本质回报方式来看，两者有很大的差别。

股权众筹在中国的合法性

股权众筹在中国是合法的，但是在模式和实施中有很大的法律风险。一方面不能触碰法律红线，另一方面要合法运营，同时要保护出资人的利益。

☞股权类众筹不能触碰的六条法律红线

股权类众筹是未来发展空间最大的一类众筹模式，最可能触碰的刑事法律风险是非法证券类犯罪，属于公检法受理和管辖。同样，如果达不到刑事立案标准，则属于非法证券类违法行为，属于证券监督管理机关管辖和受理。

对于小微企业融资难、融资贵的问题，如今国家非常重视，为了解决这个问题，正在努力发掘新的融资渠道，多措并举，而股权众筹就是方法之一。

但股权类众筹不能触碰以下六条法律红线：①不能向特定对象发行股份；②不能向超过 200 个特定对象发行股份；③不能用广告或公开劝诱和变相公开等方式发行股份；④对融资方的身份及项目的真实性严格履行核查义务，不能发布风险较大的项目和虚假项目；⑤对投资方的资格进行审核，告知投资风险；⑥不能为平台本身公开募股。

众筹网是中国专业的一站式综合众筹融资服务平台，该平台在法律风险规避上有自己的一套做法：众筹网上的项目一般都会制定详细的融资计划书，融资方可以找众筹网项目负责人多了解或者自己亲自实地考察。所有项目必须先通过众筹网平台筛选，虽然项目很多，但不是每个项目都能上线，众筹网的项目负责人一般都会进行实地考察，只有严格调查公司财务等信息之后，才会推出这个项目。

众筹网告诉我们，首先要找一个靠谱的平台，确保项目优质；项目的退出机制不能损坏你的利益。不难看出，众筹网的做法应该作为其他股权众筹平台的借鉴。

☞合法运营及保护出资人的利益

股权众筹在模式和实施中的法律风险主要体现在以下两个方面：一方面是运营的合法性问题，中间涉及最多的可能就是非法吸收公众存款和非法发行证券；另一方面是出资人的利益保护问题。

股权众筹运营的合法性主要是指众筹平台运营中时常伴有非法吸收公众存款和非法发行证券的风险，很多从业人员包括相关法律人士对此也是认识不一。

在股权众筹模式中，出资人的利益分别涉及以下四个方面：

（1）信任度。由于目前国内法律、法规及政策限制，在股权众筹运营过程中，为了避归风险，出资人需要采用有限合伙企业模式或股份代持模式。但问题是，在众筹平台上出资人基本都不认识，有限合伙模式中起主导作用的是领头人，股份代持模式中代持人至关重要，数量众多的出资人如何建立对领头人或代持人的信任很关键。

（2）安全性。从国内外众筹平台运行的情况来看，虽然筹资人和出资人之间是一种公司和股东的关系，但在筹资人与出资人之间，出资人处于信息弱势地位，其权益很容易受到损害。因此，股权投资的回报也很难界定，不能有固定回报，应当揭示预期收益；如果无法实现预期收益，实践中又会遇到很多阻力。

（3）知情权和监督权。出资人作为投资股东，在投资后公司能够正确使用所筹资金的信息，也有权获得公司运营状况的相关财务信息。虽然众筹平台有监管义务，但依然有一定的局限性。

（4）股权的转让或退出。退出机制主要通过回购和转让两种方式来实现：采用回购方式，原则上公司不能进行回购，最好由公司创始人或实际控制人进行回购；采用股权转让方式，原则上应当遵循《公司法》的相关规定。

股权众筹与其他投资方式的区别

要想区分股权众筹与其他投资方式，核心问题是：看看融资人向投资人提供的回报是否主要是股权形式，即使不是全部以股权形式体现，但至少多数回报形式也要体现在股权回报上。下面来看看股权众筹与产品众筹、股份制合作、私募股权的各自区别。

☞股权众筹和产品众筹的区别

以电影众筹为例。首先，电影众筹模式包括两种，一种是影视 P2C，一种是传统网络众筹。其次，要了解 P2C 的含义。P 指的是电影项目制片方，C 指的是电影热爱者，要解决 P 端和 C 端的信息对称和交互问题，如世纪嘉画就很好地做到了这一点。此外，还有传统的网络电影众筹平台，如众筹阿里旗下的娱乐宝。跟上述两个传统电影众筹平台做个比较，就可以发现，其相同点都是运用了众筹思维。

影视 P2C 和传统众筹这一模式的主要区别体现在：众筹思维、电影项目的品质把关、认筹者所获取的服务和参与度、项目方平台方认筹者三方的互动性等方面。

1. 从众筹模式上来看

众筹涵盖了吃喝玩乐行等各众筹项目，且涵盖债权众筹、股权众筹、回报众筹等多种混合众筹模式，可以通过参与项目获取产品获取收益。娱乐宝针对的只是电影项目，属于债权众筹模式。只要提前设定好预期收益率，电影项目达到预期，就能享受一定比例的收益。世纪嘉画只针对网络电影项目，基本属于回报众筹模式，认筹者可以享受优先观影权、参演电影、获得剧组探班机会等，还能根据初期认筹比例获取相应比例的票房净收益，没有阶梯划分，相对公平。

2. 从平台权威和专业性来看

在众筹网络平台上，每个人都可以在上面发布项目，平台作为媒介方，更多体现的是信息展示义务，项目的严肃性、专业性及客户期望值都有待提高。在娱乐宝上，母公司本身积累了巨大的品牌效应，具有一定的权威性，展示的项目经过过滤后基本上都是千万元甚至更高资金级别的项目。而世纪嘉画平台建立了严格的项目主动申报及审核制度，制定了相对专业的项目展示准入标准，保证了项目的严肃性和专业性，提高了客户期望值。

3. 从认筹者体验来看

众筹通过网络推广的方式引流，认筹者通过获取平台展示信息自主选择项目，或者通过平台在线联系获取信息；娱乐宝则通过其自有的、具备一定黏性的用户群自助选择参与项目。世纪嘉画平台方建有专门的信息分置化管理匹配系统，项目方和认筹者可以建立直接的联系，同时庞大的经纪顾问团队认筹顾问可以跟认筹者建立一对一的直接联系，全方位地解决各种沟通问题。

☞股权众筹与股份制合作有什么区别

股份合作制是以合作制为基础，吸收股份制的一些做法，劳动者的劳动联合和资本联合相结合形成的一种新型企业的组织形式。资本构成以股份为主，职工股东共同劳动，实现按资按劳分配，权益共享，风险共担，自负盈亏，独立核算。所有职工股东是以其所持股份为限对企业承担责任，企业是以全部资产承担责任的企业法人。它既不同于股份制企业，也不同于合作制企业和合伙企业，它是以劳动合作为基础，吸收了一些股份制的做法，使劳动合作和资本合作有机结合在一起，是我国合作经济的新发展，也是社会主义市场经济中集体经济发展的一种新的组织形式。

所谓股权众筹是指公司面向普通投资者出让一定比例的股份，投资者通过出资入股公司，获得未来收益。这种众筹模式是基于互联网渠道而进行融资的，被称作股权众筹。另一种解释就是股权众筹是私募股权互联网化。

☞股权众筹和私募股权的区别

私募股权投资，以非公开方式向少数投资者募集资金，投资人以权益性投资获得收益。股权众筹和私募股权投资都是股权投资（股权融资），两者有一定相似性，区别如下：

1. 募资方式

无论是从定义上还是从字面上理解，私募股权投资都体现了非公开的特点。与私募基金不同，股权众筹具有众筹开放性的特征，具有公募的性质。因此，我国经过重新界定后的股权众筹专指公募股权融资。

2. 组织形式

股权众筹主要模式有两种：一是公司制，投资人作为新股东加入融资公司；二是合伙制，投资者全部加入一个合伙企业（通常为有限合伙企业），由该合伙企业与融资方合作。从目前来看，股权众筹以合伙制为主流模式。与股权众筹相比，私募股权投资的组织形式更为丰富，基本的组织形式主要有三种：公司制、合伙制和契约制。此外，还出现了一种混合制的私募基金组织形式，最具代表性的当属"信托+有限合伙"。

3. 投资者

无论是股权众筹还是私募股权投资，投资者都要具备一定的风险意识和风险承担能力，但是股权众筹对投资人的要求略低于私募基金。

4. 投资目的

获取收益是当股权众筹与私募股权投资的目的，但是两者又有不同。私募股权投资就是为了获取收益回报，比较单一。相比之下，股权众筹的投资目的更加多元化，而且很多股权众筹的目的并不限于融资，还在于人脉、渠道等社会资源的获取。

5. 投资阶段

股权众筹通常是在企业的初创阶段和发展早期进行，而进行私募股权投资的企业往往已经发展到一定规模，体量较大。

股权众筹"公开+大众+小额"的三个要点

众筹就是利用众人的力量，集中大家的资金、能力和渠道，为小微企业、艺术家或个人进行某项活动等提供必要的资金支持。众筹有不同的分类，诸如股权众筹、债权众筹、公益众筹和实物众筹。下面具体来看股权众筹"公开+大众+小额"的三个要点。

☞公开：需要股权众筹业务牌照

股权众筹发展之所以相对缓慢，一大原因就是股权众筹风险巨大，且容易触及法律红线，容易走进法律的灰色地带。

众所周知，非上市公司的股东不能超过 200 人，向特定对象发行证券超过 200 人的都算公开发行证券；而从事证券发行业务是需要相关金融牌照的，为了符合证监会提到的股权众筹的公开原则，必然是"未经国务院证券监督管理机构批准，任何单位和个人不能开展股权众筹融资活动"。

目前股权众筹平台共有上百家，但这些平台能否顺利通过证监会检查审核，还不得而知。内外人士纷纷表示，股权众筹平台可能引来大规模洗牌，不合规的平台多半都会面临出局的命运。

☞大众：投资人数有望突破 200 人限制

《通知函件》对股权众筹做了清晰的界定：非公开股权融资或私募股权投资基金募集不属于股权众筹范畴，是防止民间企业打着股权众筹的旗号从事名不副实的事情，引起金融市场的混乱，继而对投资者利益造成损害。同时，将此类筹资与证监法、公司法中的"向特定对象发行证券累计不能超过

200 人"的铁律联系起来，也就将股权众筹和其他不被证监会定义为股权众筹的模式区别开来，规定自然也就不同。

股权众筹的另一个特点是大众。用"大众"来定义证监会是股权众筹的一个特点，未来股权众筹的投资人数超过 200 人，会被认为合法，相关法律极有可能会发生重大修改。

☞小额：设置投资上限

谈过了公开、大众，我们再来看小额。

在美国著名的《JOBS 法案》中，规定了股权投资的具体资质和相应投资额度。《2014 年末颁布的私募股权众筹融资管理办法》对投资人的资质也做了一系列规定，包括投资最大金额、个人净资产、金融资产和最近三年个人年均收入等。虽然这些规定极大地提高了入场门槛，但通过互联网进行股权众筹融资的定义和私募股权众筹的定义依然不同。

公开、大众等特点完全有可能为股权众筹摘掉不能公开发行债券的帽子，有望突破股东人数 200 人的限制，还能通过牌照制度将股权众筹平台纳入到体制中来。如此，必然会降低小额投资门槛，为大众投资铺路。

☞三者关系：相辅相成

"公开、大众、小额"三个特点，并不是孤立的，而是相辅相成的。其中，大众是个支点，公开是基本原则，小额融资是主流，也是对额度的限制。

目前，业内有两种说法：一种认为，证监会会对投资的上下限做出统一的规定；一种认为，各平台可以根据自己的情况自由处理。公开、大众、小额是股权众筹的特点，也是证监会对股权众筹确定的基调。

股权众筹有"公开、大众、小额"三个特点，其实它在监管上也可以与之进行一一对应的管理：公开，可以防止暗箱操作；大众，可以分散投资人；小额，设置了额度上限。经过这样的监管，就能在一定程度上起到化解风险的作用。

众筹从回报式向股权式过渡

国内的众筹模式中发展较快的就是回报众筹和股权众筹，而随着股权众筹被列入 2016 年政府工作报告，股权众筹已上升为国家战略，在政策导向之下，实践层面的众筹模式已经从回报式众筹向股权式众筹过渡。京东金融在这方面做出了积极的探索。

在 2014 年"双十一"赚足眼球甚至被指噱头后，京东金融又与远洋地产合作了房产众筹项目，充分展露出了众筹的本意。

该众筹项目于 2014 年 11 月 11 日 0 点开始，并于当天的 23 点 59 分结束。远洋地产作为项目发起方之一，拿出了包括北京在内的全国七大城市的 11 套房源。

京东金融的"小金库"或"白条"用户只要登录京东众筹页面，支付 11 元，就能参与 1.1 折购房的抽取资格。其他京东用户支付 1111 元，就可参与该活动，根据活动规则，获得抽取资格。

结果在 2014 年 11 月 17 日隆重揭晓，并在活动结束后的 30 日内，退回用户支付的 11 元或 1111 元金额。如果众筹项目足额筹资，京东不用再提供任何资金支持；如果不足额且差额在 10 万元之内，将由京东补足；如果差额高于 10 万元，表明该项目众筹失败。

京东金融与远洋地产的跨界合作，不仅将众筹模式应用于地产行业的创新尝试，还真正体现了众筹本质，帮普通消费者完成了买房梦想，提供了便捷的置业体验和极具价格优势的置业优惠。同时，在房地产价格下行趋势明显的背景下，双方的合作也有助于远洋地产利用京东金融庞大的优质客群资源和创新的金融服务，扩大客户覆盖面，加速销售、去库存，实现资金回笼。

2015 年 6 月，京东金融与远洋地产进行第二次跨界合作，其房产众筹项目正式上线。此次合作从解决"首付高、装修贵"等传统购房用户的痛点为切入点，有针对性地推出了一系列优惠。在此基础上，对于参与众筹的消费者，京东金融还提供了"白居易首付分期+装修白条+小金库"的一站式服务。

在国外多用于房产投资的股权式众筹引入国内后，之所以会演变成众筹买房，是因为股权式众筹模式一时无法被投资者接受，采取回报式众筹是比较合适的过渡方式。

京东金融与远洋地产两次跨界联手，从自己的行业经验出发，挖掘出传统众筹与房地产业的薄弱环节，针对各自优劣，取长补短，将买房转换为低门槛、多样性、可选择、依靠众力支持开发等新型竞争优势。

尽管京东金融和远洋地产都坚称此次房产众筹不以营利为目的，未来可能的盈利模式也尚未公开，但他们的合作已经为京东金融带来了巨幅流量；而对远洋而言，更获得了广泛的精准投放意义。

☞什么是回报式众筹？

所谓回报式众筹是指投资者投资该项目，项目发起人承诺项目成功后会向支持者发放产品或者服务，相当于我给你投资，你给我提供产品或者服务，属于一种有偿服务。

回报式众筹是研发设计或生产阶段的产品或服务的预售，主要是为了募集运营资金、测试需求，然后以产品和服务进行回馈。这种众筹模式可以通过测试产品定位，看看大家是否需要；可以通过测试产品的包装，看看用户是否理解；可以通过测试产品定价，看看大家是否埋单；可以通过测试产品使用，看看是否发现任何无法预期的问题，从而获得市场反馈与测试。

来看下面的实践模拟案例：

某回报式众筹项目发起者为了设计、制作和生产手机，制作了一份该手机的产品说明，有PPT也有视频。这份介绍主要面向手机最终用户，要让所有看过这份介绍的人都相信：钉子手机是他能买到的最好的手机。

发起者将制作的产品介绍上传到众筹网站，如点名时间、中国梦网、Jue. so 等。在众筹网站的帮助下对公众进行宣传，发起者会设置不同的回馈档位：支持 50 元获得抢购码一个，支持 2000 元项目成功后用户可得到一台手机，支持 5000 元可获得三部……用户看到发起者的宣传后，如果认可，就能在有限的时间范围内对众筹发起者进行支持，并支付对应的支持款。

众筹期结束，众筹网站将收到的款项放给钉子手机的创业者，发起者可以自由利用这些款项实现项目设计、制作和量产。在承诺的期限到达之前，发起者要将高质量的钉子手机发货给用户。

从上面这个实践模拟案例可以看出，回报式众筹是根据参与金额的多少，给众筹参与者更加超额的实物，多数以实物产品为主，此外还有签名海报、支持者名单等。

从 2014 年 3 月开始，百度、阿里巴巴、京东等互联网大佬纷纷加入众筹行业，掀起了众筹投资热潮，同时也推动了该行业的发展。

尽管众筹这一模式发展非常有前景，还能聚集大批的人气。但回报类众筹越来越偏离当初帮助有创意的年轻人圆梦众筹创立的目的，以至于变成了众筹包裹的团购，导致众筹行业的同质化严重，在各类电商性质的众筹平台上线的同时，也有很多平台在倒闭。或许正是因为这个原因，才导致了众筹从回报式向股权式的过渡。

☞什么是股权式众筹？

简而言之，股权众筹就是我给你钱，你将公司的股份给我。股权众筹的回报通常以股份、分红或者利润等为主，很多公司会根据大家的占股情况给出年底分红回报。

按照不同的标准，可以将股权众筹分为五类：

1. 私募股权众筹和公募股权众筹

按众筹行为的性质来划分可以分为私募股权众筹和公募股权众筹。前者把众筹行为界定为私募行为的股权众筹，我国目前股权众筹平台都是私募性质；相反，像美国、英国等股权众筹发展较快的国家，都是将众筹行为界定为公募性质，众筹平台能够向公众进行募集。

2. 有担保的股权众筹和无担保的股权众筹

按有无担保进行划分，可以将股权众筹分为有担保的和无担保的。有担保的股权众筹主要是指在股权众筹业务中加入担保元素，规定由推荐项目并对项目进行担保的众筹投资人或机构作为保荐人，众筹项目一年内失败，保荐人赔付全额投资款，保荐人即为担保人；无担保的股权众筹是指不含担保元素的股权众筹，目前我国大多数股权众筹平台都属于后者。

3. 线上股权众筹和线下股权众筹

按股权众筹业务开展的渠道进行划分，可以分为线上股权众筹和线下股权众筹。线上股权众筹，融资人、投资人和股权众筹平台之间所有的信息展示、交易往来都是通过互联网来完成的，包括当下许多股权众筹平台绝大多数流程通过在线完成。线下股权众筹又称圈子众筹，主要是指在线下基于同学、朋友等熟人圈子，开展的一些小型众筹活动。

4. 种子类平台、天使类平台和成长类平台

按融资项目所处阶段来划分，可以分为种子类平台，天使类平台和成长类平台。按融资项目所处的种子、天使和成长三类不同阶段，可以设置不同的股权众筹平台，实现股权众筹平台的递进式发展。国内的股权众筹平台多属于成长类平台。

5. 综合型股权众筹平台和垂直型股权众筹平台

按众筹平台的经营范围所进行的划分，可以分为综合型的和垂直型的。综合型股权众筹平台，经营范围较广，很少涉及具体行业的划分，目前我国发展较大的股权众筹平台基本是综合性平台；垂直型股权众筹平台，经营范围则有了明确的行业划分。

如今，大多数平台上推行的股权众筹融资模式为"主投+跟投"，这种借助互联网平台的融资模式，有着明显的优点：

第一，降低了投融资门槛。众筹平台突破了传统投融资模式的限制，主投方的介入，放宽了跟投人的金额限制，更多的人可以参与到新项目或新企业的产生方式中。

第二，在众筹网站上，项目发起人与投资者交流的项目评论板块的设置，使网站不仅是一个简单的融资渠道，还拥有市场调研的功能。

第三，筹融资模式应用长尾效应鼓励创新。在互联网众筹平台上，长尾效应在众筹融资方式中有着良好的应用。

第四，股权众筹模式利用网络平台传播融资信息。一方面，互联网拥有庞大的用户群和一定的社交功能，信息传播更为方便、快捷且成本低廉。相对于传统的广告推广、拜访投资人或扫街式的宣传，股权众筹模式以更低的成本为项目进行了宣传。另一方面，互联网信息交互性强，用户使用众筹平台发送信息和接收信息，项目发起人不仅要在计划中阐述项目优势，还能在互动平台上回答投资者在计划书中没有或不明确的问题。

借助众筹平台，借款人与投资方可以较低的成本进行高效的交流互动，如"众投邦"移动互联体系的 PC 端与 APP 端，项目上线短短四天就筹集了几百万元。该网站上的筹资网页的浏览次数达到几千次，不仅完成了资金的筹集，还扩大了项目的影响力。

华人天地开创了新三板与股权众筹相结合的先河，是今后股权众筹的参考甚至教科书般的经典案例！

2015 年 2 月，华人天地发布股票发行方案，采用众筹模式募集资金并设回购条款保证。该方案以 12 元/股的价格向张津、张纪中、深圳市众投一邦有限公司、深圳市文投国富投资企业（有限合伙）四名投资者定向发行股份。股票发行数量不超过 230 万股（含 230 万股），预计募集资金总额不超过 2760 万元（含 2760 万元），可以引入战略投资者、扩大公司规模、补充公司流动资金。

其中，文投国富认购 41 万股，公司实际控制人张津认购 25 万股，其舅父张纪中认购 15 万股，众投一邦认购 149 万股，合计 230 万股。

由于新三板的个人门槛较高，500万股以下的客户无法参与，而众筹则没有高门槛和人数限制，且项目的收益率是最低保障，随着公司的持续发展，收益率上不封顶，还能获得额外的投资回报。同时，投资者与公司可以互享资源，互惠互利。此次股票发行完成后，华人天地的资产负债率大大降低，财务结构更趋稳健，缓解了公司流动资金压力，提高了速动比率，降低了财务费用，增加了公司的综合竞争能力，为公司的后续发展带来了积极影响。

值得注意的是，与国际上众筹的做法不同的是，华人天地此次增发方案设置了回购条款，保证众筹投资者的收益为50%。回购条款的设置是众筹模式在中国进行的本土改良，可以保障该投资的有效进行。虽然回购条款的设置也是和华人天地多次谈判与沟通达成的协议，但提高了投资者的安全边际。

华人天地引入国际上众筹的模式进行增发，确实是一大创新。在投资者门槛较高的环境下，吸引广泛的个人投资者参与新三板企业的定增，相比公募、私募等产品发行，众筹模式有着较强的灵活性。

跟传统的众筹模式比较起来，此次华人天地简直就是中国本土的改良版，不仅设立了项目制企业、增加了透明度，还通过设置回购条款确保了投资的安全性。虽然创新中也存在信息不对称等风险，但华人天地在众筹时创造性地推出回购条款、无风险定增，这些都值得我们学习和借鉴。

自余额宝横空出世开启互联网金融时代后，"互联网+"的概念让互联网金融成为新的风口，在酝酿多年后，股权众筹也迎来了绽放的春天。2015年6月6日，在京东、阿里、36氪先后布局股权众筹后，京北众筹联合首期融资过千万的项目惊艳亮相。京北众筹总裁罗明雄在2016年博鳌亚洲论坛上指出，由于互联网金融的门槛、股权众筹的门槛越来越低，因此，需要相应的资金、资源、人才，2016年是互联网金融监管元年，一方面可以通过政府的监管把这些害群之马踢出去，另一方面优秀的企业可以得到更好的发展，从而加强监管，让行业更健康、更全面地发展。

☞股权式众筹与回报式众筹的区别

所谓回报众筹是指投资者对项目或公司进行投资，获得产品或服务。对于股权众筹模式来说，一般涉及的都是专业垂直化平台，如国内专注于实体行业投资的人投股权众筹平台等。股权众筹就是投资者对项目或公司进行投资，获得其一定比例的股权。该模式更能明确反映中小微企业的生存现状、发展环境和融资需求，能帮助中小微企业解决资金问题。

股权众筹是当下新兴起的一种融资模式，投资者通过互联网众筹平台挑选项目，并通过该平台进行投资，进而获得被投资企业或项目的股权。回报众筹让投资者获得产品或服务，股权众筹让投资者获得股权，而获得股权对投资者来说无疑具有重大意义！

产业链股权众筹

从 2016 年上半年的众筹平台行业数据中可以发现，我国股权众筹行业在严格监管下，虽然已经呈现出稳增长态势，但爆发式的增长和活力，需要新的发展方向和思路，因此，产业链股权众筹必然会成为撬动创新的支点。

同一产业链条中的各实体经济之间更加熟悉，能够畅通社会大众的投资渠道，产业链股权众筹也就成了一个不错的选择，可以优化产业结构，提供生产效率，为股权众筹创造一个新的发力点。

☞产业链股权众筹金融与其他互联网金融对比

目前，我国中小企业在整个国民经济和产业链活动中扮演着非常重要的角色。我国大多数中小企业面临着资金短缺、融资困难及融资成本过高等问题，部分中小企业纷纷面临倒闭。同时，由于传统金融存在的垄断特征，已经在一定程度上阻碍了产业经济的发展。由于互联网金融债权融资成本高，跑路平台众多，风险大，所以，已经引发了投资人的信任危机。

再加上，同一产业链条中的各实体经济上游、中游、下游之间更加熟悉，能够畅通社会大众的投资渠道，产业链股权众筹平台必须实施差异化战略，只有紧密地与实体经济结合，才能在激烈的市场竞争中不断发展壮大。

随着股权众筹平台数量的增多、竞争的加剧，为了能在同质化的市场竞争中脱颖而出，股权众筹平台就要根据自己的平台定位发展垂直产业链金融，进一步细分市场；不仅要提供投融资本身的服务，还要提供人脉、资源和管理等服务。

☞产业链股权众筹金融可行性分析

（1）股权众筹门槛低，众筹对象既可以是投资者，也可以是消费者。首先，众筹对象是一个消费者，在股权众筹过程中能够增强市场的接受程度、扩大市场知名度、减少市场推广难度、节省大量的营销成本与中间环节；其次，还能让项目方清楚地知道项目的吸引力到底有多大、有多少资金可以支配、产品有多大市场等。

（2）众筹思维可以开阔思路，在权益类型上不仅是股权，还有经营权、收益权等，已经渗透到音乐、影视、出版、创意等全产业链，低成本地聚集产业资源，实现了众创、众包、众扶、众筹的核心理念和效果。在项目的创意设计阶段，就可以实现众创效果，能够集众人之力量，集众人之资源，促进我国经济结构的转型升级。

（3）通过股权众筹可以使产业链条上的各实体经济企业相互作用、相互衔接，构成一个协同发展产业链生态环境圈，围绕众筹平台或核心产业（业务）环节管理产业链上中下游中小企业的资金流、物流、商流、信息流等，使产业链条上的单个企业风险更加可控。投资者与项目发起人能更加有效地融合，联系更加紧密。通过众筹方式，创业者得到的不仅是资金，还有智慧、资源、人脉、宣传、品牌，让投资者成为自己的用户，且能够充分互动。能够实现产业链各环节高度融合，项目更容易成功。

（4）产业链股权众筹能够优化产业链上中下游各环节，缩短交易链条，节约时间、人力、物力等交易成本和融资成本。在产业链股权众筹过程中优化产业链条产生价值低的环节，优化价值流程，提高产业集中度，使产业链得到健康发展。

（5）产业链股权众筹能够更大程度地解决信息不对称问题，如专业管理人才更容易积聚，融后管理运营能力会更强，项目筛选更加容易，可以承接更加优质的项目，能够降低项目审核风险。同时，在一个地区或社区众筹项目，还能增加投资人对众筹项目的了解、信任程度，投资者能更多地了解项目细节、项目执行情况等，能够降低不信任风险。

（6）产业链股权众筹能够实现金融与产业链的高度融合，使金融内生于产业链发展之中，可以维护一个产业链的健康有序发展。

☞产业链股权众筹金融众筹项目的特点

众所周知，众筹项目的成功将是互联网金融成功的关键，产业链股权众筹金融关注的项目应该具备以下两个特点才能达到更好的效果：

（1）从产业上来看，众筹就业机会多、带动系数大、综合效益好、最富有蓬勃活力与发展潜力、成功概率最高的当属文化创意、健康、金融类等朝阳产业，该类产业在扩大内需、拉动消费、应对世界金融危机中都发挥着不可替代的作用。同时，该类朝阳产业目前在我国还刚刚起步，没有行业标准的限制，产业利润空间很大，能够通过项目的高利润空间，惠及产业链上中下游各环节，使整个产业链在产业优化的过程中普遍受益，通过产业的良性发展使投资者获取丰厚的投资报酬。

（2）从项目产品的生命周期特征在不同的发展阶段来看，是众筹成功的长期产品。初创期产品不确定性高、风险大；而成长期产品不确定性低、风险小，还具有销售量快速增长、利润空间大、购买者较多、竞争刚刚兴起等特征。

☞产业链股权众筹金融发展路径（以文化创意项目为例）

产业链股权众筹金融发展，要以众筹平台为切入点，从构建产业链股权众筹平台开始，集聚产业链核心的企业和人才，为产业链终端文化创意众筹项目提供服务，通过前期项目的成功，复制众多文化创意项目的发展。

产业链上的核心企业或创业者是领投人，普通投资人是跟投人，可以用项目带动众筹，然后再优化产业链终端的前期产业链环节，使整个产业链获得健康发展；通过产业链优化，改变产业发展模式和商业管理模式，使产业链上的实体经济受益、释放出最大活力。

同时，产业链股权众筹金融平台还能围绕文化创意产业链条中的各环节进行股权众筹活动，导致终端消费项目的成功，惠及整个产业链条各环节。

总之，在互联网背景下的产业链股权众筹金融具有很强的生命力和发展创新前景，只要把握住互联网所提供的机会，必然会在新时代取得丰硕的成果。

第六章

股改要务操作指南

公司的股权分置改革是非流通股股东和流通股股东之间的一种利益平衡协商机制，必须重点抓好公司治理，掌握公司估值方法，熟悉股权变更手续和股权交割阶段的各个环节及细节，清楚转让路径。只有健全治理结构，完善管理体系，实现决策、财务透明等，才能使公司的股改取得成效。

公司的治理理念

公司治理是指协调公司股东和其他利益相关者之间的一种制度安排，内容涉及指挥、控制、激励和监督等方面。公司治理包括内部治理和外部治理。内部治理是指公司股东与董事会、经理层和监督机构等形成的委托代理关系和相互制衡机制。外部治理是指来自于公司外部的市场压力对公司造成的引导、控制与激励，如资本市场、产品市场以及债权人、银行、供应商、消费者等利益相关者。

现代公司治理理念是制衡、妥协和让步，其本质就是要形成一种制衡机制，要想有效解决公司治理失衡问题，就要从公司外部治理和内部治理两个方面加以分析。

☞公司外部治理

从一定意义上来讲，公司外部治理问题往往是造成公司出现问题的关键因素。因此要想让企业健康发展，要想保证股改的顺利进行，就要重视外部治理。

1. 深化政治体制改革，为公司治理提供良好的制度软环境

公司治理的实质是权力分工和相互制衡，虽然说公司治理中的权力分工与相互制衡影响着国家治理，但也必须承认，国家治理中的权力分工与相互制衡必会极大地影响和促进公司治理。这也是西方国家治理中的"三权分立"与公司治理相互协调的原因所在。

因此，以分权与制衡为核心的政治体制改革必然会为公司治理提供重要的思想理念和制度保障。同时，以民主政治改革为取向的政治体制改革也是企业产权改革等诸多改革的突破口所在，以产权多元化为目标的产权改革依

然是公司治理的重要前提。

2. 深化经济体制改革，为公司治理提供良好的市场环境

公司内部治理的内在驱动力在于良好的市场竞争环境。为此，企业必须做好以下六项工作：

（1）加快企业改革。要想在激烈的竞争中取胜，企业就要积极推行产权多元化改革，彻底改变"一股独大"的现象。产权多元化是实现行政型公司治理向经济型公司治理转变的重要步骤，也是公司内部治理能否形成制衡机制的重要前提。

（2）加快金融体制改革。推进国有银行的商业化运作，强化融资的约束和监督功能，发挥银行在公司外部治理中的作用。

（3）推动证券市场的改革。要不断强化"用脚投票"的功能，并通过公司并购重组的市场化和规范关联交易等方法，发挥证券市场的资源优化配置功能，给公司形成强大的资本融资外部竞争压力，约束公司行为。

（4）建立健全职业经理人市场。要进一步推动户籍制度改革，完善人才流动的畅通机制，减少由于政府主管部门或党委会的不当干预，造成的公司管理层及员工形成人才竞争压力。

（5）建立健全中介市场。要保障会计事务所、审计事务所及律师事务所等中介机构的独立性，完善信用机制，通过信息披露制度、审计功能等措施，对公司做好外部监督与制衡。

（6）积极推进司法体制改革，创建良好的法治环境。具体方法是：要充分保障司法独立，发挥司法机关在经济纠纷和冲突中扮演的裁判者角色功能；加强立法工作，制定适应市场经济要求和公司治理的好方法；加大执法力度，构建权力监督制衡机制，使措施得以实施；培养公民的法律素养，增强公民的权利意识和监督意识，为法治创造良好的人文土壤等。

☞公司内部治理

公司内部治理是解决公司治理失衡问题的重中之重。从我国公司现有治理模式来看，为发挥公司内部治理的制衡功能，我国最新修订的《公司法》已经有了较大完善，但仍需要从以下三个方面进一步进行修订：①从股东会来看，要进一步优化股权结构，培育多样化的机构投资者，避免出现股东会"一股独大"的现象；②适当限制股东会的权力，尤其在少数股东控制的情况下，更要平等削弱股东权利，间接对中小股东权益形成保护；③建立中小股东保护机制，通过累积投票制、股东直接诉讼和派生诉讼制度、临时召集股东会和提案制度等加强对中小股东权益的保护。

1. 从董事会来看

董事会需要做的工作有：

（1）适当扩大董事会职权，增强其代表的广泛性和独立性，既不能被大股东操纵，也不能被经理层架空。

（2）改革法定代表人制度，推行共同代表制，突破公司法定代表人由董事长一人担任的限制，改由公司章程规定，赋予多个董事代表权，让他们分工负责，在各自领域内独立开展工作。

（3）中小股东进入董事会，适当做些强制安排。

（4）建立健全董事会内部机构设置，如提名委员会、执行委员会、薪酬委员会和审计委员会等，强化董事会的决策与监督功能。同时，通过设立外部董事和独立董事，强化董事会的监督制衡功能。

2. 从监事会来看

监事会需要做的工作有：

（1）限制控股股东对监事的提名权，避免监事任免的不当行政干预，提高监事的业务素质和监管水平。

（2）彻底改革监事会集体负责制度，明确监事的个人独立性。

（3）确立监事对公司的代表权，从程序上进一步完善和保障监事会或监事的起诉权。

（4）设立外部独立监事，如同外部董事和独立董事，虽然不一定特别完善，但意义不可忽视。

3. 从经理层来看

经理层需要注意的事项有：

（1）任免程序必须严格遵循董事会程序。

（2）不要出现大股东借用董事会控制经理层的现象。

（3）不要出现党委会或政府主管部门的不当行政干预。

（4）在"所有者缺位"情况下，不要出现"内部人控制"问题。因此，企业不仅要完善经理层的任免程序，还要改革和完善相关配套措施。

不仅要保护股东权益最大化，还要适当兼顾公司的社会责任。就我国当前的市场环境，虽然说追求股东利益最大化、刺激投资者投资热情仍是我国公司目前的首要目标，但要将公司的社会责任目标逐步引入其中。兼顾利益相关者的利益，如员工、供应商、消费者、债权人、银行、当地政府及社区等，促使他们对公司进行监督和制衡。

此外，更要妥善处理好"新三会"和"老三会"的关系，具体方法有三：第一，规范董事、经理和监事等的任免机制，避免政府主管部门或党委会的不当干预；第二，彻底改变工会的行政化色彩，恢复工会的自治组织身份；第三，取消职代会，由工会代行驶其职能等。当然，所有的这一切还取决于我国政治体制改革和经济体制改革的深化。

公司治理模式

公司治理模式多种多样，按照不同的标准，可以产生多种不同的分类方式。例如，根据公司股权结构和治理机制的不同特点和运作机制，可以将公司治理分为三种基本模式：家族控制型模式、市场导向型模式和内部控制型模式。

下面，就从理论上剖析对比每种治理模式的特点，并分析股权激励在不同公司治理模式下的不同效应。

☞家族控制型公司治理模式及特点

家族控制型公司治理模式是家族式企业的一种治理模式，大部分所有权和经营控制权被家族成员掌握。实行这种公司治理模式比较典型的是韩国及东南亚的一些国家，此外还有我国的台湾。

家族控制型公司治理模式一般具有以下三个特点：

1. 公司股权高度集中在创业者家族成员手中

即使是一些原先封闭的家族式企业转变为资本市场上的上市公司，形成了家族企业产权多元化的格局，掌握企业控制权的依然是家族成员或者家族企业（母公司）。

2. 家族成员掌握着企业的主要经营管理权

控股家族通常会参与公司的经营管理和投资决策，公司的高级管理职位也往往由掌握控股权的家族成员担任。所以，在家族企业里，主要股东与经营层通常是重叠的。如此，虽然企业治理结构中明确了股东与经营层形式上的分离，但在实际运作上，所有权与经营权仍然是高度统一的。

3. 经营者面临双重的激励和约束

在家族企业中，经营者不但会受到来自企业利益的激励约束，还会受到家族亲情的激励约束。对于担任经营者的家族成员来说，为了发扬光大家族父辈留下的事业，不仅要负责家族资产的保值和增值，还要维持家族成员之间的亲情，这些都会对他们的经营行为产生影响。

☞市场导向型公司治理模式及其特点

市场导向型公司治理模式主要是指在股权非常分散、股权交易便捷的情况下，股东很难真正拥有对企业的绝对控制权，而主要依靠市场的力量，采取"用脚投票"的市场方式实现对经营层的监督和约束。这种模式主要在资本市场高度发达的国家和地区盛行，尤其是以美国和英国最为典型。

一般来说，市场导向型公司治理模式具有以下两个特点：

1. 公司股权高度分散

这一特点在美国上市公司中表现尤其明显，非上市公司并非完全如此。在美国的资本市场中，虽然机构投资者数量和规模都十分庞大，拥有相当数量的上市公司股权投资，但对于某家特定的公司来说，股权仍然异常分散。此外，英国上市公司的股权分散化也很明显。例如，在 1992 年英国规模较大的上市公司中，有 173 家只有一个相对大股东。其中，只有 13% 的公司拥有一个持股比例超过 25% 的大股东，6% 的公司拥有一个持股比例超过 50% 的大股东，只有 1% 的公司拥有一个持股比例超过 75% 的股东。

2. 以股票市场为主导的外部治理机制发挥重要作用

与股权高度分散的特征相适应，高度发达的证券市场与股票的高度流动性，为外部接管市场（收购机制）发挥效用提供了充足条件，对经理层的经营行为构成了强大的外部压力。在这种模式下，虽然经营层能够尽可能地拥有对企业经营活动的控制权和主导权，但也要承受股票价格变动、公司被收购等市场风险。特别是证券市场发达、股权高度分散并容易流通、实施股票期权激励制度等因素，更容易对代理人造成间接约束，进而使经营者以股东利益最大化为经营目标，对稀缺资源进行有效配置。

☞内部控制型公司治理模式及特点

内部控制型公司治理模式，主要是指公司股权大量被法人交叉持有，股东对经营者的监督约束作用相对直接和突出，主要依托银行、采用"用手投票"的制度进行内部控制。德国和日本是实行此类公司治理模式的典型国家，投资者在股东大会上用手投票，直接参与公司决策，约束经营者。

内部控制型公司治理模式具有以下特点：

1. 董事会与监事会分立

决策者和执行者相互独立，监事会独立于董事会。在这类公司治理模式中，证券市场不发达，经营者在公司中居于主导地位，员工董事的职能得到充分体现。员工通过内部晋升竞争等方式加入董事会，降低了所有者与经营者之间的管理成本。

2. 企业与银行共同治理

企业融资多数都是通过银行，债权比例比股权高，银行不仅是企业的主要债权人，还与银行交叉持股，兼有债权人和股东双重身份。由此，在银行和企业之间存在一种特殊的主银行关系。

主银行关系主要包括：企业选定一家银行作为主要的往来银行，并把从该银行获得的贷款作为资金的主要来源渠道，银行和企业之间相互持股，银行参与企业治理。在企业遇到危机时，银行提供救助；在企业破产清算时，可以作为牵头银行。通过相互持股为基础的主银行关系，不仅能形成银行与企业共同治理的模式，还排斥了公司治理结构中股东的积极作用和市场对企业行为的监督。

3. 公司之间交叉持股

资本交叉持股、交叉董事，人事关系复杂。在一方的股东大会上，如果另一方采取不合作态度，一方进行反击，就会损害相互持股关系的基础。在法人股占主导地位的情况下，即使个人股东不赞成公司提案，也不可能影响公司局势。法人大股东持股的主要动机不在于获取股票投资收益，而在于加强企业间的业务联系，通过稳定经营增加企业利润。

☞股权激励在不同公司治理模式下的不同效应

在不同公司治理模式下，股权激励会显示出明显不同的运作机制和实际效果：

第一，在家族控制型公司治理模式中，股权激励的地位和作用不太突出。其根本原因在于，股权及控制权都掌握在家庭成员手中，所有者与经营者高度重叠。对经营者最重要的是家族利益，而非个体私人利益。家族利益是企业存在和发展的最重要根基。

第二，在市场导向型公司治理模式中，分配激励机制主要体现为管理层的高额年薪、管理者的持股、管理层的股票期权等形式，也就是股权激励。在这种公司模式下，股权激励的效果表现得最为明显和持续。

第三，在内部控制型公司治理模式中，对于经营层的分配激励机制主要体现为职务升迁、高额的年薪、在职消费和退休金等形式。而股权激励作为一种激励方式，在这类企业中的运用相对不多，效果也不像市场导向型企业那样明显和突出。

从实际情况来看，家族控制型、内部控制型、市场主导型三种公司治理模式，实施股权激励的效果明显存在由弱到强的变化。正是由于在不同的社会文化传统、法律体系、政治体系和经济背景的作用下，才产生了不同的激励机制，如以英国和美国为代表的市场导向型公司治理模式下，分配激励机制主要体现为股权激励；以日本和德国为代表的内部导向型公司治理模式下，分配激励机制主要体现为职务升迁、高额的年薪、在职消费和退休金等形式。

公司治理结构

公司治理结构是协调股东和其他利益相关者相互关系的一种制度，其结构主要指的是"三会一层"，即股东大会、董事会、监事会和高级管理层。

☞从公司章程的制定看其对"三会一层"的权利制衡

依据《公司法》，股东侵害了公司或者其他股东利益，高管侵害了公司或者其他股东的利益，公司或者其他股东可以追究侵权者责任，都可以提起诉讼。

正规的章程，一般都会将这项内容写入章程中，如章程宗旨中可能写道："本章程自生效之日起，即成为规范公司的组织与行为、公司与股东、股东与股东之间权利义务关系的具有法律约束力的文件，是对公司、股东、董事、监事和高级管理人员具有法律约束力的文件。依据本章程，股东可以起诉股东；股东可以起诉公司董事、监事和高级管理人员；股东可以起诉公司；公司可以起诉股东、董事、监事和高级管理人员。"

作为股份有限公司，尤其是上市公司，公司章程中必须包括这项内容。既然是公众公司，就要对公众有个交代。有些股东兼高管总觉得自己是公司高管，会尽心尽力地为公司做事，但做事就难免会犯错，于是公司章程就限制甚至完全剥夺了这种起诉权。其实，只要是依法、依章程做事，即使确实犯了错，只要没有违法违规、侵害公司或股东利益，即使被起诉，也不用担心。

☞股东会、董事会、总经理之间的权力分配问题

对于股东会、董事会、总经理之间的权力分配问题，细则如下：

如果是家族企业或三五个亲朋合办的公司，权力分配多半不会出现问题。对于这种公司来说，章程就是个摆设，工商登记注册需要这个文件，简单应付一下就可以，章程没有实际用处。

如果有限责任公司的人数达到一定数量，有20个股东，尤其是有正式的投资机构后，情况就不同了。章程就是章程，要作为行事的依据。这时，就会涉及到权力构架问题。公司共有20个股东，要想召开股东会并不容易，把权力更多地集中在股东会，公司的管理效率定然会下降，所以最好由董事会决策。

除了少数权力涉及公司重大问题之外，像涉及公司经营方向、重大投资决策，以及《公司法》强制规定须由股东会多数通过的事项，一般的决策权都要交由董事会，如此既能提高效率，又可以减少代理人的弊端。因此，在章程制定过程中，既要同可能担任或者推举董事的股东保持沟通，也要同那些不担任或者没有推举董事权的股东沟通，消除他们的顾虑。

没有董事推举权的股东，可以通过监事会参与公司管理。严格地讲，不是管理，而是监督，是通过监督来影响管理。重点有两个：一方面，要在章

程中明确监事会的职权；另一方面，要有能担任监事的人选，如果这些人确实能履行监事职责，就要依现在的法律运行起来。

"三会一层"的权利需要形成制衡机制，股东应该在"三会一层"的管理中加强自身权利的维护，维护股东利益。

公司估值方法

公司估值是指着眼于公司本身，对公司的内在价值进行评估。公司内在价值取决于公司的资产及其获利能力。公司估值有一些定量方法，但操作过程中要考虑到一些定性因素，传统的财务分析只提供估值参考和确定公司估值的可能范围。

根据市场及公司情况，被广泛应用的有以下四种估值方法：可比公司法、可比交易法、现金流折现和资产法。

☞可比公司法

使用这种方法，对公司进行估值。

首先，要挑选与非上市公司同行业可比或可参照的上市公司，以同类公司的股价与财务数据为依据，计算出主要财务比率；其次，用这些比率作为市场价格参数，对目标公司的价值做出推断。

可比公司估值的使用前提：除了企业规模的标准化需求之外，还要考虑可比企业之间的众多非营运性区别，如财务杠杆、会计处理、临时偏离（一次性项目）、租赁行为、商业产品周期等对估值方式造成的影响。为了使公司具有可比性，使用这种方法，就要考虑公司的规模、相似性、已经营的年限、最近的变化趋势以及其他的一些变量。

可比公司估值最直接的例子是：买房的时候，如果把周围类似的房子放到一起进行比较，做的就是可比公司估值。

☞可比交易法

挑选与初创公司同行业、在估值前一段合适时期被投资、并购的公司，以中小企业融资或并购交易的定价为依据，获取有用的财务或非财务数据，求出相应的中小企业融资价格乘数，据此评估目标公司。来看下面两个例子：

（1）A公司刚获得中小企业融资，B公司在业务领域跟A公司相同，经营规模比A公司大一倍，投资人对B公司的估值应该是A公司估值的一倍。

（2）分众传媒在分别并购框架传媒和聚众传媒的时候，一方面以分众的市场参数作为依据，另一方面框架的估值也可作为聚众估值的依据。

可比交易法不需要对市场价值进行分析，只是统计同类公司中小企业融资并购价格的平均溢价水平，再用该溢价水平计算出目标公司的价值。

☞现金流折现

这是一种较为成熟的估值方法，主要方法是：预测公司未来的自由现金流和资本成本，对公司未来自由现金流进行贴现。这里，公司价值就是未来现金流的现值。

运用现金流折现，泸州老窖就是典型的案例。

首先，泸州老窖从大明万历皇帝登基的1573年开始酿造。历经400多年，无论繁荣还是萧条、战争还是和平、盛世或是乱世，都没有影响到老窖的发展，由此，可以大概认定，泸州老窖未来依然会存在。

其次，泸州老窖每年都会出售大量商品，获取大量现金。而且，其生产设备（酒窖）不用进行大规模维护。过去10年，泸州老窖累计经营现金流，大于累计净利润；而累计资本投入额占净利润总额不足13%，占销售收入总额不足5%。

对于泸州老窖，粗略地将净利润等同于经营现金流，将资本支出估算为净利润的15%，就会得到：2013~2016年的自由现金流约为29.2亿元、23.4

亿元、18.7亿元、19.6亿元。最后，采用10%的折现率，2013~2015年的自由现金流折现值总和就是66（29.2+21.3+15.4）亿元。

当然，此案例只是轮廓性演示一下现金流折现法的运用，以上计算并非投资建议。

☞资产法

资产法是假设一个谨慎的投资者不会支付超过与目标公司同样效用的资产的收购成本。例如，中海油竞购尤尼科，根据其石油储量对公司进行估值。

资产法是建立在历史成本的基础上，只注重企业资产的现实价值，不考虑资产价格的变动及企业的未来发展，是一种静态的评估方法。这个方法给出了最现实的数据，通常以公司发展支出的资金为基础；其不足之处在于，假定价值等同于使用的资金，投资者没有考虑与公司运营相关的所有无形价值。另外，没有考虑到未来预测经济收益的价值，对公司的估值结果是最低的。

股权变更手续

公司股权变更是股东行使股权经常采用的一种方式，中国《公司法》规定，股东有权通过法定方式转让其全部出资或者部分出资。那么，股权变更需要哪些手续呢？

☞股权变更流程

股权变更流程为：

（1）领取《公司变更登记申请表》。通常需要到工商局办证大厅窗口办理。

（2）变更营业执照。需要填写公司变更表格，加盖公章，带着公司章程修正案、股东会决议、股权转让协议、公司营业执照正副本原件，到工商局办证大厅办理。

（3）变更组织机构代码证。需要填写企业代码证变更表格，加盖公章，带着公司变更通知书、营业执照副本复印件、企业法人身份证复印件、老的代码证原件，到质量技术监督局办理。

（4）变更税务登记证。需要拿着税务变更通知单，到税务局办理。

（5）变更银行信息。需要拿着银行变更通知单，到基本户开户银行办理。

☞股权变更所需资料

股权变更所需资料主要有：

（1）法定代表人签署的《公司变更（备案）登记申请书》；

（2）企业申请登记委托书原件（可在申请书内填写）；

（3）经办人身份证明（复印件，核对原件）；由企业登记代理机构代理的，同时提交企业登记代理机构营业执照（复印件，须加盖本企业印章，并注明"与原件一致"）；

（4）根据公司章程的规定和程序提交的决议或决定（原件）；

（5）向原股东以外的人转让的，提交新股东的主体资格证明；

（6）公司章程修正案或新的公司章程（法定代表人签署）；

（7）股权转让协议（原件1份，涉及国有产权的，提交国务院，地方人民政府或者其授权的本级人民政府国有资产监督管理机构的批准文件；不涉及国有资产股权转让的，股权转让协议应当办理公证或见证）；

（8）股东的资格证明复印件（核对文件）。

股权交割阶段

所谓交割是指转让的股权经交割后，转让人不再是公司股东，受让人成为目标公司股东。交割的时间一般由交割日来确定，即自交割日起，转让人不再是公司股东，受让人自交割日起则成为公司股东。

☞股权交割阶段注意事项

进行股权交割，需要注意的事项有：

（1）判断交割的先决条件是否满足；

（2）公司公章的交接，一般包括合同章、部门章和财务章等；

（3）公司营业执照的交接；

（4）公司财务账簿的交接；

（5）公司股东名册的交接；

（6）公司董事会、监事会成员的交接；

（7）公司授权书的交接；

（8）公司章程的变更与交接；

（9）公司其他资料的交接；

（10）债权债务的交接与处理。

此外，在股权交割后，还要办理一些相关手续，主要包括：企业资产产权变动、注销、占有登记和股权变动等工商变更登记手续。

☞股权转让价款的交割方式

一般来讲，股权转让价款的交割方式有两种：实物交割和现金交割。在股权转让中，真正进行交割的合约并不多。交割过多，表明中场流动性差；

交割过少，表明市场投机性强。在成熟的国际商品期货市场上，交割率一般不会超过5%，我国期货市场的交割率一般在3%以下。

☞股份转让后实际交割有何规定

股份转让后，实际交割的相关规定有：

（1）国家拥有的股份转让必须经国家有关部门批准，具体办法另行规定；国家拥有股份的转让，不能损害国家拥有的股份权益。

（2）证券交易场所、证券保管、清算、过户、登记机构和证券经营机构，应保证外地委托人与本地委托人享有同等待遇，不能歧视或者限制外地委托人。

（3）股份有限公司的董事、监事、高级管理人员和持有公司5%以上有表决权股份的法人股东，将其持有的公司股票在买入后六个月内卖出或者在卖出后六个月内买入，获得的利润归公司所有。前款规定适用于持有公司5%以上有表决权股份的法人股东的董事、监事和高级管理人员。

（4）股东转让其股份，应在依法设立的证券交易场所进行，或按照国务院规定的其他方式进行。

（5）自公司成立之日起一年内，发起人持有的本公司股份，不得转让。公司公开发行股份前已发行的股份，自公司股票在证券交易所上市交易之日起一年内不得转让。

股权转让路径

股权转让是公司重组的重要形态，也是资本退出的主要途径，不仅会影响到公司治理结构，也直接关系着公司的控制架构。但股权转让的操作路径并不仅局限于股权的直接转让和受让层面，还包括其他导致股权实际交易的各种形式。

☞股权直接转让

按照股权转让对价的支付手段不同，股权的直接转让可以分为以下四种情形。

1. 货币支付

这是股权直接转让的最直接形式，具体方式是：转让方交割股权、受让方支付转让价款。需要注意的是，如果转让方是自然人股东，就会出现个人所得税的即时征收问题；如果转让方是法人股东，就会出现转让所得是统一核算还是年度汇算的问题。所以，股权直接转让也存在先行的重组设计问题，甚至还涉及离岸公司制度的引入设计。

2. 股权支付

从本质上来说，所谓股权支付就是"以股换股"。以股换股，可以是业已存在的两个股权进行置换，也可以是根据股权转让需要进行的新设公司股权与目标股权之间的置换设计。需要注意的是，如果是外资进行的并购，用于置换的股权只能是境外公开发行的股票。

3. 股票支付

所谓股票支付就是，基于某一战略重组需要，经过特定的行政审批，以股份有限公司发行的股票置换目标股权。需要注意的是，如果用上市公司股票支付，会涉及定向增发的问题；如果是以境外上市公司的股票支付，还要满足相关文件规定的条件和程序。

4. 其他资产支付

其他资产支付实际进行了两个交易：一个是对价支付，其本质就是资产的交易；一个是股权交付，其本质是资本的交易。这种交易往往都需要税务安排。

☞股权间接转让

股权间接转让，按照"间接"的具体途径不同，可以分为以下五种形式：

1. 母股权转让

如果目标公司的股权转让存在太多的法律障碍，或者需要特定的战略安排，可以直接变更目标公司股东的股权，间接实现对目标公司的股权转让。需要前置审批或存在持股限制的（如金融类、准金融类）公司，或战略投资人，可以采用这种方式。

2. 增资

所谓增资就是对目标公司增加注册资本金，既可以是原股东全体或部分进行的增资，也可以是第三方对目标公司进行的单独或与原股东一并进行的增资。利用"增资"间接实现股权转让，需要做好两个层面的技术安排：

（1）增资作价方式的利用。利用增资作价方式实现原股东的股权收益，是原有股东之间的转让。在部分股东增资时，作价方式应当以公司当时的净资产作为协商依据，但新的《公司法》规定，将股权比例的确定权交给公司章程，可以通过对增资金额、增资所占股权比例的约定实现某一个股东的收益。

（2）资本公积金制度的利用。如果出现第三方增资，可以利用公司资本公积金制度，实现原股东的股权收益。即约定增资第三方的增资金额、股权出资金额，以及两者之间的差额，作为资本公积金处理。资本公积金属于所有者权益的范畴，其增大实际就是所有者权益的增加，而资本公积金还可以转增注册资本。无论是否转增，原股东的股权已经通过增资实现了收益，而增资第三方实际上支付了对价。

3. 减资

减资用于股权转让，主要是在公司净资产增加的前提下，实施单方减资，或者非等比例的多方减资。减资方的回收资金不是按照原始出资额计算，而是按照当时公司的净资产数额计算的，因此在公司净资产增加的情况下，减资方收回投资，无论是单方减资，还是非等比例减资，留守股东都会扩大股权比例，减资股东会收回股权并获得股权溢价，只不过这种股权溢价形式上是由公司支付的。由于公司包括资产和负债在内的所有者权益都属于留守股东，从本质上来说，还是留守股东支付了股权溢价，获得了股权比例的增加。

4. 股权出资

股权出资是新《公司法》的制度创新，国家工商总局《股权出资登记管理办法》又从操作层面使股权出资成为现实。从本质上来说，股权出资仍然是一种特殊形式的股权转让：

（1）受让方特殊。受让方只能是符合规定条件的公司法人，也就是股权从一个既存的法律主体，以出资或者增资的方式转让到一个新公司名下。

（2）转让形式特殊。既然是出资，转让的形式只能是出资者增资。

（3）支付对价特殊。受让方支付股权不是以货币或资产的形式支付的，而是以自身的股权支付的，是一种特殊的以股换股形式。

5. 合并

关于合并需要明确两个问题：

（1）新设合并不能实现股权转让。新设合并仍然是两个公司股东的新设行为，并不能实现一方的退出或减持，只能在合并完成后进行转让，否则就不是新设合并了。因此，新设合并与公司分立一样，是原股东保持不变的整体位移，是从一个公司位移到另一新设公司。

（2）吸收合并可以实现股权转让。在吸收合并时，被吸收方会单方面失去法人资格，合并的法律性质等同于兼并，原股东可以在吸收方中继续担任股东，也可以在吸收合并时获得吸收合并对价而不再担任股东，从本质上来说，前者就是一个以股换股的交易，后者包含了股权转让的交易。不管是以股换股的具体方案，还是合并对价的确定，都是股权转让对价的确定，与合并是一体化完成的。

☞股权准转让

股权准转让，根据控制手段的不同，可以分为以下三种形式：

1. 股权信托

股权信托适用的是《信托法》，属于商事信托，往往要借助于信托公司实施。但与股权转让相反的是，只有失去控制权的股东想获得收益，才能类似于股权转让；而信托则是要向信托人支付信托报酬。可是信托人仅仅是一个壳载体，在信托合同后往往有更多的合同安排，失去控制权的股东就会从关联合同中获得收益，作为失去股权控制权的对价。

2. 股权托管

股权托管本质是一种委托合同，与股权信托不同的是，股权依然记载在自己的名下，实际行使股权的人需要通过委托制度来实现权利。股东通过股权委托，获得托管对价，而受托人则通过行使部分股权，获得财务收益或者战略收益。

3. 表决权征集

所谓表决权征集就是将股权中的某一项表决权实施临时性的让渡，股东获得表决权让与的对价，征集人获得一次或几次针对某一事项的股东表决权。

虽然股权转让的基本路径无法完全囊括股权转让的各种操作路径，但企业最重要的不是掌握法律条文，而是努力发现和挖掘资源，这也是企业核心能力的体现。

第七章

股权操作典型案例

无商不富，无股权不大富！中国前 100 名的富翁，基本上是靠原始股权投资的；世界五百强企业，没有一个不是靠股权资本运作成功的。本章介绍和分析了几个成功的股权操作典型案例，包括微软、阿里巴巴、腾讯、小米、唯品会、华夏幸福、韩都衣舍、阿米巴模式等，旨在为股权操作的企业提供学习借鉴的范例。

微软——最早的股权激励大师

"微软"这个名词诞生于 1975 年，目前是全球最大的电脑软件供应商，同时其也涉足硬件。

在世界 500 强行列中，"微软"排名不算太靠前，但它在 1999 年 12 月 30 日创下了 6616 亿美元的最高市值记录；算上通货膨胀，相当于 2012 年的 9130 亿美元。如果没有 1995 年后美国司法部与国会反垄断，微软 1999 年市值为 1.5 万亿美元，甚至 2 万亿美元都没有问题。

微软是一家伟大的公司，其贡献远不能用金钱来衡量。

微软不是比尔·盖茨自己创立的，还有个金牌合伙人——保罗·艾伦。艾伦是盖茨的高中校友，比盖茨高两届。大学毕业后，一次很偶然的机会，他和盖茨重逢。他说服了盖茨退学创业，但无法说服盖茨给自己更多的股份。艾伦认为，股权分配应该一人一半。但盖茨却不同意，最终二人商定四六分，盖茨占 60%，艾伦占 40%。面对强势的盖茨，艾伦选择接受。后来，盖茨又在此基础上与艾伦交涉，争得了更多股份：盖茨 64%，艾伦 36%。

虽然两人一度相处得很愉快，但在企业运作的过程中也难免发生矛盾。在盖茨引入史蒂夫·鲍尔默后，盖茨和艾伦的矛盾进一步激化，艾伦最终于 1983 年离开微软。矛盾激化的主要原因就是股权。

鲍尔默是盖茨的哈佛同学，两人性格互补。1980 年，盖茨找到还在读硕士的鲍尔默，用 5 万美元的年薪和 8% 的股份把鲍尔默拉进了微软。当时微软已经成立五年，盖茨给了他 8% 的股份，足够大方。尽管艾伦不同意鲍尔默加盟，但反对无效。微软成功上市后，艾伦已卖掉部分微软股份，但依然在一夜之间身价过亿，目前其身家接近 200 亿美元。

鲍尔默的加盟，不是简单地从盖茨和艾伦手上切蛋糕而已。鲍尔默加盟后，分去了 8% 的股权，同时鲍尔默建议给其他员工股权，其他员工也能跟着沾光，分享 8% 的微软股份。然而大家并不买账。因为股权集中在三个合伙人手上，他们整天处在满血状态，总会不知疲倦地加班，其他人要么股权很少，要么根本没有，没理由跟着玩命，有些人甚至认为没必要再待在微软了。

为了平息员工的抱怨和消极怠工，从 1982 年开始，微软着手实施股权激励制度，给部分员工配股，也就是股票期权。但不是每个人都有，即使有机会得到，也要等上一年，然后在接下来的四年时间里分八次获得。有人嫌麻烦，还有人认为纯属多余，毕竟当时微软的股价不过每股 95 美分，直接发几千美元给员工不是更好？当时一个软件工程师大概能分得 2500 股，技术好或者来得早的人会持有股份更多些。同时，微软还取消了加班费，引发了更多的抱怨。直到 1992 年左右，类似的声音才消失，因为当时微软的股票已经上涨了近千倍，即使当初只分得了 2500 股，此时已拥有近 400 万美元！

多年以来，微软的福利待遇都是"三位一体"方式：基本工资+公司股票认购权+奖金，不仅不会支付高薪，也拒绝支付加班费，但各类补偿金的数额却异常可观，因为微软的股价总在攀升。补偿金的主体由股票认购权以及购买股票时享受的折扣构成。按照章程，员工只要在微软工作满 18 个月，就可以获得认股权中 25% 的股票，此后每六个月可获得其中的 12.5%，十年内的任何时间均可兑现全部认购权。每隔两年，微软还会配发新的认购权，员工可以用不超过 10% 的工资以 85 折优惠价格购买公司股票。

微软是全球第一家用股票期权来奖励普通员工的企业，一度也是世界上最大的股票期权使用者，公司员工拥有股票的比率比其他任何上市公司都要高。在全球 IT 业持续向上的时候，通过这种办法，微软吸引并留住了大量行业内的顶尖人才，大大提高了核心竞争力，使公司持续多年保持了全行业领先地位。

股权真经：

美国股市不景气的时候，微软通过股权激励来吸引人才、留住人才的效果难免大打折扣。近年来，微软高层逐渐采取股权紧缩策略，毕竟今天的微软已富可敌国，股票更具有战略价值。但我们不能就此否认股权激励本身。事实上，就连微软对此依然是屡试不爽。如 2013 年微软新老 CEO 交接之前，公司专门向美国证券交易委员会提交文件称，微软董事会已批准了一项特别股权奖励计划，用于保证 CEO 过渡期间公司高管不会流失。

在欧美以及日本等发达国家，股权激励早就形成潮流，并由此获得了企业、员工、社会、国家等多层面的长足发展。尽管国内目前尚无真正意义上成熟的、科学的股权激励方案，但股权激励及相应理念对于我们并不陌生。中国著名的商帮——晋商，早在 500 多年前就创造并广泛应用过具有本土特色的股权激励，其制度之完善与现在的美国也有过之而无不及。另外，中国改革开放近 40 年，多数企业还处在大有可为的高速成长期，运用股权激励催生企业进一步成长，正当其时。

阿里巴巴——股权资本"样板间"

在中国，很少有人不知道马云，很少有人不知道阿里巴巴的创办者。但当年的马云曾被认为"非傻即疯"，马云是如何赢得信任的？是什么力量让阿里巴巴迅速崛起、势不可当？股权资本！

蔡崇信拥有耶鲁大学经济学士及耶鲁法学院法学博士学位，兼通法务、财务和金融，当时还是知名投行高管，年薪 70 万美元，是货真价实的"股权资本操盘手"，跟马云一拍即合。

马云曾经讲过："我的核心层，别人出三倍工资也挖不走。"因为他的核心层都是原始股东，也就是众所周知的"十八罗汉"。即使不给股权，他们也愿意跟着马云走。但能走多久呢？也许一年，也许十年，也许明天……

当蔡崇信加盟后，第一件事就是给"十八罗汉"讲股份、讲权益，并让马云和"十八罗汉"在18份完全符合国际惯例的英文合同上签字画押。因为他知道不经这一步，阿里只会是一个家族企业，只能以感情、理想和义气维持团队。依赖这一纸合约，却能将整个团队的利益捆绑到一起，这是至关重要的一步。

当时，国家对互联网、教育以及传媒等重要领域引进外资设定了必要限制。蔡崇信便帮马云把公司注册到了开曼群岛。为什么选开曼群岛？因为这里是国内企业去纳斯达克敲钟的中转站。流程是先在开曼群岛注册公司，然后对国内公司进行100%股权收购，再将开曼公司提交中国香港或是美国上市。

蔡崇信真正的能力、资源与价值在于，能够使阿里在最短的时间里与国际资本接轨。当时，阿里已经穷得连生活费都发不出来，在蔡崇信的运作下，迅速融资500万美元。此前，马云曾进行过37次融资尝试，都以失败告终。

接着，"大财主"日本软银董事长孙正义辗转找到马云，决定注资3000万美元，换取阿里40%的股份。经过内部磋商与讨价还价，最终，阿里用30%的股份换取了软银2000万美元的资金，董事会由马云及其合伙人（"十八罗汉"和蔡崇信）主导。

为什么要强调董事会由谁主导？因为公司的控制权是股权资本领域的重中之重。资本是企业的血液，为了快速发展，企业在融资时几乎没什么不可以谈的，无非是多出让些股权。但是，绝不能让渡控制权。

事实上，马云本人就接受过这方面的教训。1995年，他创建了中国黄页，刚打开局面，竞争对手就如雨后春笋般冒了出来，其中就包括有钱有资源的杭州电信。形势所迫，马云决定与其合作，马云及团队占股30%，杭州电信占股70%。但很快就出现了问题，最终马云离开中国黄页，股份送给了当时一起创业的员工。1997年，外经贸部成立了中国国际电子商务中心，由马云组建团队并进行管理，马云占30%的股份，外经贸部占70%的股份。这次创业也以失败而告终，硬伤还在于控制权。这些经历让马云知道了持有股份的重要性。

除了私募之外，蔡崇信还帮阿里巴巴完成了两次上市：一次是 B2B 项目，于 2007 年在中国香港上市；另一次是阿里集团，于 2014 年在美国纽约交易所上市。这两次上市，让阿里巴巴融得了更多的资本，资本的介入又反过来促进了阿里的治理，从而极大地提高了公司品牌影响力。

如何"花钱"也是股权资本的重头戏。不把钱"花"出去，就无法取得效益，而效益又往往与风险成正比，万一输了怎么办？太稳健也不行，有可能输掉未来。这个矛盾看起来似乎无解，蔡崇信却做得很出色，无论是阿里巴巴本身，还是其收购、投资的企业。因此，阿里巴巴有句传言：在马云做重大决策时，只要蔡崇信说肯定不能做，就绝对不能做，因为他已经想得很通透；如果他说可以做，就可以放手一搏。

马云靠什么取得了蔡崇信的信任？

蔡崇信说得很清楚，他是"真心佩服马云"。在帮马云注册公司时，他问马云："我去你家里时，看到很多'乱七八糟'的'创始人'，其实整个公司只需要一个创始人就行，那就是你自己。"但马云却回答："在我家里工作的所有人都是创始人。"马云胸怀开阔，愿意与人分享，而这也正是股权资本的要诀与大道。忽视了这一点，就无法下好股权资本这盘大棋。

股权真经：

有人把蔡崇信比作"马云的张良"，其实他最本质的身份不是阿里巴巴的谋臣或军师，而是和马云一样，都是阿里巴巴之主。阿里巴巴 2014 年上市时的文件显示，马云持股 8.9%，蔡崇信则持股 3.6%，他们是最大的两个自然人股东，同时也是阿里巴巴仅有的两位"永久合伙人"。蔡崇信加盟阿里时，本人已经有了一定的知名度，而马云和阿里巴巴却尚未崭露头角，在这种情况下，也只有合伙人制度能打动他。也就是说，对马云而言，蔡崇信是创业战友而非高级下属，如果只想找个专业操盘手来帮自己进行股权上的把关，是注定找不到"蔡崇信"的。

腾讯——曾经卖不掉的 2 万亿元

在十几年前，马化腾和他的 QQ 就已经名满天下。不过很少有人知道，最艰难的时候，马化腾曾想以 50 万元的价格卖掉 QQ，却找不到买家。现在腾讯市值多少呢？ 2017 年 9 月 26 日的一份媒体报道显示，腾讯总市值已超 3462 亿美元，折合人民币至少 2 万亿元！

众所周知，当年做即时通软件的国内公司远不止腾讯一家，微软、雅虎、网易等名企都在同步开发自己的即时通软件，国外还有 ICQ 这样的老前辈和后起之秀 Facebook……在内外交困中，腾讯是如何一鸣惊人的？还要从马化腾创业之前说起。

在公众视野中，马化腾就是典型的 IT 男形象，白衬衫、近视镜、西装革履、文质彬彬，其实他还是个稳、狠、准兼备的炒股高手。马化腾最得意的战绩是把 10 万元炒至 70 万元，他创业的第一桶金就来自股市。

1998 年，马化腾与同学张志东在深圳"合资"注册了深圳腾讯计算机系统有限公司，简称"腾讯"。之后又吸纳了三位股东：曾李青、许晨晔、陈一丹。这五位创始人的 QQ 号，据说是从 10001 到 10005。

为了避免权力纷争，马化腾在创立腾讯之初就和四个伙伴约定：发挥各自所长、各管一摊。马化腾是 CEO（首席执行官），张志东是 CTO（首席技术官），曾李青是 COO（首席运营官），许晨晔是 CIO（首席信息官），陈一丹是 CAO（首席行政官）。直到 2005 年，五人创始团队还保持着这种合作阵形，不离不弃。这一点，在中国民营企业中很少见。

马化腾的成功之处就在于，其从一开始就很好地设计了创业团队的责、权、利。能力越大，责任越大；权力越大，收益也就越大。如此稳定的核心团队，彰显了公司的合作文化。这种企业文化，不仅最受战略投资者的青睐，还成功吸引了技术天才的加盟，张小龙和卢山都是受此影响而加入腾讯并上位的，如今已成为公司的顶梁柱。

最初，他们五个人共凑了50万元，马化腾出了大部分钱，但他自愿把所占的股份降到一半以下，即47.5%，其他四位合伙人共占52.5%的股份。因为他知道，这种股权结构不仅不会形成一种垄断、独裁的局面，还让企业有了主心骨。

马化腾是一个具备现代意识的管理者，从一开始，腾讯走的就是集体领导的路子，而马化腾掌握着整个公司的控制权。

然而万事开头难。互联网企业开始运作的时候，都要烧钱。作为没钱可烧的初创公司，腾讯的每一笔支出都让马化腾和同伴们心惊。好不容易做出点名堂，又惹了官司。最终，腾讯败诉，停止使用"OICQ"的名称，并赔偿了一定金额给ICQ。之后才有"QQ"这个名称。

QQ的火爆众人皆知，但火爆的背后是马化腾的苦笑。用户以几何级形式增长确实是个好现象，但每月以几何级增长的服务器托管费用让他难以承受。最后，实在养不起了，就想卖掉它。有一次，马化腾去找张朝阳，张朝阳抛出一句经典台词："你这东西根本不值50万元，我找几个大学生，不超三个月做得比你还好！"

当时的马化腾知道，自己必须面对现实，而解决问题的最好办法就是股权融资。幸运的是，他赶上了第一届"高交会"，并成功拿到了第一笔风投。盈科数码和IDG看在腾讯的前辈ICQ的成功经验上，联合投资腾讯。互联网冬天到来后，投资方开始为腾讯找下家，但没人愿意合作。传媒集团MIH虽然愿意进场，但盈科不愿意出售股权。商量了很久，当决定终于定下来时，纳斯达克已经快要崩盘了。与此同时，QQ的注册用户还在疯长，QQ的盈利模式依然毫无头绪。

直到2000年底，命运的转机才姗姗而来。当时，中国移动推出了移动梦网。移动梦网通过手机代收费的"二八分账"协议，让蛰伏的腾讯眼前一亮。腾讯亿级的注册用户及相应的消费诉求，立刻通过这一渠道转化为真金白银。2001 年 7 月，腾讯实现了正现金流，年底纯利 1022 万元。两年后，这一数字攀升到 3.38 亿元。

2004 年 6 月，经过一番筹谋后，腾讯在中国香港上市，一夜造就了五个亿万富翁、七个千万富翁、几十个百万富翁。腾讯为什么不去纳斯达克上市，而是选择了中国香港？因为马化腾认为，纳斯达克的要求比香港股市严格，因此，只能去中国香港。

如今，腾讯早已进入了微信时代，马化腾也早已从当年的融资者变成为了领投者。腾讯的股票在全球各大财团手中频繁交易，但只涨不跌，买了就赚。最有名的例子是 Naspers，他是腾讯的最大股东，持有腾讯 34% 的股份，价值超过 1100 亿美元，比该公司自己的市值还要高出 20%。

股权真经：

创造资本很难，因为创造资本很慢；但整合资本非常快，如股权融资。一旦让出一定股份，就能获取企业发展的宝贵资金。从表面上来看，腾讯是个很成功的案例，事实上并非如此。想想看，如果中国移动当年未推出移动梦网，腾讯岂不是要中道崩殂？幸亏没有以 50 万元的低价将 QQ 卖掉！由此可见，做事业谁都会遇到资金短缺的问题，当年的大佬也是如此。如果在融资过程中遭遇炮轰或吃闭门羹，千万不要因为被质疑就犹豫自己的选择。你自信，别人才能相信你。腾讯最初的股权架构设计，最能彰显马化腾的工程师思维。投资人也大抵是这种思维，粗略看一下股权结构，就能想象到这个团队未来会不会发生分歧。股权结构平衡的团队，能够从一开始规避掉很多利益问题，剔除很多定时炸弹。足以引发内乱的股权分配制度，只能给未来的公司造成障碍，谈何发展？

小米——为发烧而生！

雷军是中国互联网时代的领军人物之一，因创办了小米手机和与格力电器总裁董明珠打赌等事件，为网友们熟知。此外，雷军还有一些身份，如著名天使投资人、原金山软件公司董事长等。

2000 年左右，雷军认识了魅族手机的老总黄章，两人成为无话不说的好朋友。作为中国互联网的原住民，雷军会时不时地给黄章传递一些关于互联网的信息，并向黄章献策，尽早将魅族手机和互联网进行结合，发展用户社区，做互联网手机。黄章和雷军在一起的时候，也将做手机的所有流程告知了雷军，雷军甚至还能到一线生产区去感受手机的制造流程。作为天使投资人的雷军曾经一度狂热地想要投资魅族，甚至愿意为魅族押上全部身家，但有两件事让他打了退堂鼓。

为了用自己多年积累的资源帮助魅族发展，开始雷军就帮黄章构想了一个具有全球整合能力的互联网手机企业架构。他在全球的技术行业里寻找优秀人才并一一举荐给黄章。同时，还让黄章重新规划魅族手机的股权结构，给重要人才一些股份，用事业留住人才。

黄章是个传统商人，喜欢百分之百控股，根本就没有股权资本的概念。雷军和他聊了很久，终究无法说服黄章放出自己的一部分股份，去整合资本。由于对于公司控制以及人才使用的重大分歧，两人最终分道扬镳。

如果没有这次分道扬镳，也许就不会有小米了。离开黄章的雷军决定自己做手机，也就是"为发烧而生"的小米。雷军的影响力，在圈子内大家是公认的。他是开放的，从一开始就致力于做一个开放性的小米。他在全球范围内寻找人才，也在全球范围内寻找资金。小米刚刚成立一个月，就完成了A 轮融资，获投 1000 万美元。如今，其估值已超过 100 亿美元，软件技术方面仅次于阿里巴巴、腾讯、百度，硬件公司中仅次于联想。

小米发展得如此快，主要原因就是因为雷军玩转了股权资本。用网友的话说，小米虽未上市，但雷军是敲钟敲累了的人。如果说小米是"为发烧而生"，那么股权资本就是为"发烧"的创业者而生的。在雷军眼中，资本绝不仅限于货币资本，人才、技术、市场等都是资本。一切都是成熟的东西，一切都可以拿来主义，只要所有的资源要素在短时间内聚合起来，就能从事自己想做的事情了。

五年之后黄章明白了这个道理，于是拿出自己持有的部分股份，无偿分享给跟着自己一路走来的众多魅族老员工，甚至还从股份池中留出了一部分股份，作为今后新入职并对公司做出贡献的员工的激励。

魅族内部《员工股权激励计划意见稿》中明确写道：工作满五年以上的员工及定级为P5（含）级别以上的员工，都能获得限制性股票；所有股份与公司实际控制人的持有股份同股同权。

股权真经：

改变一个人固有的观念并不容易。在经营过程中，让企业变成夫妻店，股权资本也就无从谈起；如果确实想获得长远发展，就要按照做事的思路来做企业，要善于分（股）权，合理使用资本的力量。利益是检验朋友的一条准则，但永远不要将友谊拿去做实验。在人人可以创业的时代，大家愿意跟着你抱团打天下，已是莫大的幸事，要发自内心地珍惜。股权资本的要义在于，破除人性中的私欲与封闭性。

唯品会——流血上市的"妖股"

据说，唯品会创始人沈亚是浙商领袖马云最想见的浙江同乡。在过去几年，沈亚赚了1000亿元，其中绝大部分来自电商领域。沈亚极少接受采访，极少出席行业活动，只专注于做事，用他的话说："股价和业绩是紧密相关的，别的都是空谈，天天露脸，上中央电视台都没用。"诚哉斯言！

唯品会成立之前，沈亚共经历过两次创业，但都跟电商无关。唯品会的创意来自他的合作伙伴洪晓波，而洪晓波的灵感则来自于妻子的一次网购体验。一日晨起，洪晓波看到妻子正在法国VP（Vente Privee.com）上购买打折的名牌服装，紧张兮兮，如临大敌。原来，该网站几乎囊括了所有的世界名牌，并且均有折扣，但需要在规定时间内抢购。洪晓波把这种模式告诉了沈亚，两人一拍即合，经过三个月的调研，正式创立了唯品会。

唯品会最初的定位就是奢侈品平台，沈亚、洪晓波的主要工作就是扫货，到巴黎等地一掷千金，购买各式奢侈品，结果回国后卖不掉，全部积压在仓库里。一个月下来也没几单。经过冷静思考，他们果断调整模式，自降档次，转向中高档大众时尚品牌。之后，唯品会一路狂奔，交易额不断翻番。如今，奢侈品只占其总业务的5%以下。如果当年不调整模式，恐怕早就关门了。

创业初期，唯品会规模小、行事低调，沈亚甚至还拒绝过当地政府提供的创业支持资金，所以阿里巴巴等巨头根本对它不屑一顾。在这种不屑一顾中，唯品会却疯狂成长，终于引起了资本方的注意。2010年、2011年，唯品会先后两次获得红杉资本和DCM的联合风险投资共8000万美元。为了寻求更大规模的融资和发展机会，2012年唯品会在美国上市。

沈亚公开表示，赴美上市为的是增强物流配送能力和增加IT系统方面的资本支出。但当时唯品会的现金流还不到5000万美元，而它每个月的运营费用则超过600万美元。如果不上市，只够维持一年的运营。这或许是资本市场对唯品会不看好的原因所在。唯品会首日发行1100万股，少于招股书中的1120万股；融资规模为7150万美元，也低于原计划的1.2亿美元。上市首日报收5.5美元，跌幅达15.38%，遭遇了当头一棒。一时间恶评如潮，被多家媒体称为"流血上市"。

面对各种质疑，沈亚只用一句话回应："该干什么就干什么，不会受此影响！"他坚持练内功，不为外界所动。为了提高毛利，降低物流成本，两人每天都开车到南海的仓库，主管仓储物流的副总裁唐倚智则直接把办公室设在了仓库旁。最终，唯品会改过去的配送模式为"干线物流"模式。仅此一环，就使公司配送成本下降至1/3，而这恰恰是电商模式中最大的成本。

由此，唯品会迅速走出危机，迎来盈利，上市第二年即实现净利润5230万美元，股价自然水涨船高。上市的第二年，随着唯品会财报不断刷新战绩，其股票已成为中概股中的"大牛股"，市值从最初的 12 亿美元飙升至 1200 亿美元，仅次于腾讯、百度和奇虎 360，成为中国第四大市值的互联网公司。

如今，唯品会已拥有 3.8 万名员工，累计合作的品牌 1.9 万个，注册会员超过 1 亿元，年订单量近 2 亿元，重复购买率超过 70%。这份成绩单，沈亚只用了八年时间。

一路走来，上市肯定是最重要的一环。上市，不仅给唯品会带来了资金，还带来了品牌效应！过去，他必须亲自登门拜访各大品牌；上市后，他只需在家里等待即可，等待品牌商上门拜访、等待朋友介绍、等待合作邮件等。

而这也是企业步入正轨之后应有的状态。

股权真经：

赞助"中国好声音"、收购乐蜂网、在热播电视剧《欢乐颂》中频频露脸，唯品会影响力逐渐放大。但不可否认的是，其股票目前在美股的表现却不太理想。主要原因有三点：一是受到 2005 年的全球股灾影响；二是先期注资的资本大佬先后获利离场；三是作为曾经的"最牛中概股"，在创造纪录之后坐坐过山车也很正常。不可否认，上市也不是完全有百利而无一害。不管企业处在哪个行业、什么发展阶段，如果不能很好地利用资本市场，即使不被时代淘汰，本身也是一种"任性"。虽然中国资本市场远没有成熟、证券市场门槛较高，但创业者也要在脑子里有"上市融资"的概念。

华夏幸福——"花式融资百科全书"

华夏幸福是一家民营上市企业，全称华夏幸福基业股份有限公司，主营房地产。在全国范围内，它算不上知名。但在融资方面，其手法之多、成就之高，令人刮目相看。据不完全统计，几年时间里，在没有政府信用背书和银行贷款的情况下，它通过 21 种融资手段，整合了近 3000 亿元资金，借助资本的力量，成就了自己的传奇。它是股权资本应用的高手，但不仅限于股权资本。下面来具体看看。

1. 销售输血法

销售也是融资？当然。如果能把产品卖出去，收获资金，又何必融资？融来的资本都是以让利为前提的。华夏幸福是一家民营房企，其"销售输血法"简单来说就是不捂盘，能卖就卖，其实这也是多年来华夏幸福业绩支撑和血流顺畅的关键保障。2012～2015 年，其住宅销售额分别为 211.35 亿元、374.24 亿元、512.54 亿元、723.53 亿元，逐年递增的银行回款，保证了华夏幸福首先能够活下去，继而有了今天的品牌规模。

2. 信托借款

众所周知，信托的融资成本是所有融资形式中最高的，因为它门槛较低、选择面广、数额巨大，所以一直以来都是地产公司最为倚赖的融资手段，华夏幸福也不例外。仅 2015 年 4 月，华夏幸福下属公司大厂华夏就通过信托融来一笔高达 25 亿元的借款。2015 年全年，其信托融资总规模更是达到了 190 亿元。

3. 公司债

2016 年 3 月，华夏幸福第二期公司债券发行，总体规模 30 亿元，期限为五年，在第三年末附公司上调票面利率选择权和投资者回售选择权，票面利率 5.19%。这只是其中的一笔。华夏幸福发行几笔低成本的公司债，就成功地将平均融资成本拉低到 7.92%。

4. 夹层融资

所谓夹层融资，说白了就是明股暗债。从表面上来看，它是股权转让，实际上却是约定未来回购，并以差价作为利息或支付约定利息，由于介于股债之间，故曰"夹层"。这种融资方式灵活机动，华夏幸福非常喜欢，同时也非常擅长这种方式，简直可以说是屡试不爽。除了灵活之外，夹层融资还可以让财务报表做得更漂亮，是不错的财务处理方式。

5. 售后回租式融资租赁

这个名字听起来比较复杂，但只要看个例子，就能一目了然了。2014 年 3 月，华夏幸福旗下一家公司将自己拥有的大厂潮白河工业园区地下管网，以售后回租的方式向中国外贸金融租赁有限公司融资 3 亿元，年租息率 7.0725%，为期两年。也就是说，华夏幸福把自己的工业园区的地下管线卖给了融资租赁公司，再从该公司手中把管线租回来，每年付给该公司租金，直到合约期满，完整地回购这些管线。说得直白一点就是：华夏幸福变废为宝，使用没有任何现金流价值的地下管线，获得了近 6 亿元的真金白银，虽然需要付出一些租金，但远比其他融资形式划算。

6. 债务重组

所谓债务重组就是，当债务快到期时来个乾坤大挪移，将它转让给别家，相当于延长了还款日期。2014 年 8 月，在华夏幸福一笔对恒丰银行的 8 亿元债权即将到期前，几经商量，恒丰银行最终将此债务标的转让给了长城资管，债务重组期限为 30 个月，这就相当于华夏幸福的原定还款期限延长了 30 个月。除此之外，这远比重新融笔巨资轻松得多。

7. 债权转让

债权转让与债务重组很相似，也就是将自己享有的债权以一定现金作价卖给第三方，用一定的成本提前回收这部分现金，加快债权盘活和资金周转速度。处于快速扩张期的公司，适宜使用这种融资方式。

8. 应收账款收益权转让

2015 年 7 月，华夏幸福旗下子公司九通投资将自己持有的大厂鼎鸿对大厂回族自治县财政局享有的应收账款 8 亿元，以及嘉兴鼎泰对长三角嘉善科技商务服务区管理委员会享有的应收账款 7 亿元，共计 15 亿元的应收账款收益权，转让给汇添富资本。双方约定，将目标应收账款收益权转让期满 12 个月，由九通投资回购。也就是说，这是打着转让旗号的抵押。具体要点是，应收账款是地方政府应支付给华夏幸福招商落地投资额 45% 的产业发展服务费，但具体什么时候支付，不好说。而华夏幸福就用这笔不知什么时候能够回收的账款换来了 15 亿元的融资，超级划算。

9. 资产支持证券（ABS）

2015 年 11 月，在资产证券化备案制新规出台、交易所资产支持证券发行规模明显增速增长的大背景下，受华夏幸福委托，上海富诚海富通资产管理有限公司设立并发起"华夏幸福物业一期资产支持专项计划"，在上海证券交易所挂牌上市，进行专项融资。发行总规模不超过 24 亿元，发行对象不超过 200 人，发行期限分为 5 档，分别为 1 年、2 年、3 年、4 年及 5 年。华夏幸福此次募资，既是为了补充流动资金，也是对其原有资金渠道的补充。

10. 特定收益权转让

特定收益权转让与应收账款收益权转让如出一辙，只是规模小些，也更直接。例如，2014 年 6 月，大厂华夏、大厂京御地产、京御幸福、京御地产、香河京御、固安京御幸福分别与信风投资管理有限公司签订了《特定资产收益权转让协议》，约定：转让方向信风投资转让特定资产收益权，特定资产为转让方与付款人已签订的《商品房买卖合同》项下除首付款之外的购房款项，转让价款分别为 6300 万元、1300 万元、5200 万元、8400 万元、2200 万元、8600 万元。虽然规模小，加起来也有几亿元。

11. 股权收益权转让

股权收益权转让本质上与债权转让、特定资产收益权转让一致，区别只是标的物的不同。

12. 战略引资

战略引资不同于单纯的财务性融资，入资方要实实在在地参与经营管理，并按持股比例享受经营收益。华夏幸福眼光长远，曾屡屡利用让渡股权和收益的模式增强资本实力，从而实现了更快地扩张。

13. 关联方借款

关联方有多种形式，最重要的关联方是银行系统。华夏幸福有几个重要的关联方都是银行系统，还擅长与之进一步关联。例如，2014 年，华夏幸福的两个间接控股子公司三浦威特和大厂鼎鸿分别向廊坊银行营业部借款人民币 5800 万元、3400 万元，期限 1 年，利率 9%。背后的关联关系是：华夏幸福的董事长王文学是廊坊银行的董事，华夏公司的董事郭绍增是廊坊银行的副董事长。

14. 特殊信托计划

什么叫特殊信托计划呢？仍以具体案例阐释：2015 年 5 月，华夏幸福将其享有的 3 亿元债权作为基础资产，委托西藏信托设立信托计划，项目存续期为 12 个月；西藏信托同意受让标的债权，转让对价为 3 亿元。此举便使华夏幸福巧妙地获得了为期 12 个月的 3 亿元的融资。

15. 夹层式资管计划

这种融资方式牵涉到资产管理公司，华夏幸福谙熟此道，运用这种办法向资产管理公司进行短期融资。如 2015 年，华夏幸福与大成创新、湘财证券签署相关合约，由大成创新发行专项资产管理计划向华夏—新城增资 4 亿元，由湘财证券认购或推荐客户认购大成创新发行的专项资产管理计划。大成创新有权自出资日起满 12 个月后，与华夏幸福签署《股权受让合同》退出。仅 2015 年一年，华夏幸福就运用这种方式多达 15 次，其便利性与可行性可见一斑。

16. 定向增发

定向增发是一种股票融资，没有利息成本支出，可以增加净资产规模，能快速填补资本缺口，一本万利。例如，2016 年 1 月，华夏幸福曾通过定向增发，拿到了 69 亿元的真金白银。

17. 委托贷款

所谓委托贷款，说直白些就是私人借款，但它必须经过银行办理，从而使得借贷合法化。由于委托贷款屡屡被不法分子及无良者用于地下融资、助推股市和楼市泡沫，同时自身也蕴含着诸多潜在风险，一向被银监会强烈打压，华夏幸福也很少使用这种贷款形式，但因为发展所需，它并不完全拒绝。另外，委托贷款只是一种中性的融资方式而已，关键看谁在使用，怎么使用，合法经营的华夏幸福无可厚非。

18. 银团贷款

银团贷款是指由一家或数家银行牵头，多家银行与非银行金融机构参与组成银行集团，采用同一贷款协议，按商定的期限和条件向同一借款人提供融资。这种方式在海外比较常见，但国内的首例还是华夏幸福开创的。2014年10月，华夏幸福从固安县农信社、廊坊城郊农信社、永清县农信社、大城县农信社及三河市农信社组成的社团贷款人贷款1亿元，期限为1年，借款利率为8.5%。

19. 银行承兑

银行承兑是华夏幸福独创的融资手段，也叫作"银承"或"银票"。例如，2015年3月，华夏幸福与沧州银行股份有限公司固安支行签署《银行承兑协议》，票面金额为2亿元，承兑金额1亿元。

20. 短期融资券

短期融资券也是一种短期融资的利器。2015年5月，华夏幸福向中国银行市场交易商协会申请注册发行不超过人民币28亿元的短期融资券，发行期限为1年。

21. 股票质押和对外担保

这两种方式严格来讲都不能算融资，但它们与华夏幸福的融资息息相关，放在这里也没什么不可以。简单来说，它是指在华夏幸福及其下属公司的很多融资中，华夏控股以及实际控制人王文学都要附带连带担保责任。或者说，它需要自我担保。如何自我担保？主要靠华夏控股与王文学持有的股票。在融资高峰期，华夏控股将88%的股票都质押了出去，以套取更多的资本，进而更好地发展。

股权真经：

股权资本的重点，在于"资本"，而不在于"股权"。除股权之外，企业内部还有很多资本和金融杠杆工具。在实践中，很少有一家企业什么都不缺，99%的企业缺的都是运作企业的隐性资源的思维。我们在这里讲完股权资本，有的企业家就掌握了股权资本。我们没讲到的，也需要掌握。方法有千百种，还有好坏之分，重要的是具备相应的思维。诸如华夏幸福这样的企业，我们很难想象它有一天会遇上融资困境，除非它走上歪路，自绝于资本。当然，股权融资是我们本书的重点，同时它也必然是中国下一轮的资本盛宴，这是全行业有目共睹的大趋势，尚未觉醒或者处在徘徊阶段的企业应及早布局。

韩都衣舍——小组排名的内部激励文化

韩都衣舍创始人赵迎光的管理方法非常新颖，即所有的事情都让一线员工自己做决策。

产品小组模式的全称是"以产品小组为核心的单品全程运营体系"。所谓的"单品全程运营体系"是指，每款产品从设计、生产、销售都以"产品小组"为核心，企划、摄影、生产、营销、客服、物流等相关业务环节积极配合，运营管理系统全程数据化、精细化，最大限度地发挥互联网的优势。各产品小组之间独立运营，独立核算，拥有90%以上的决定权；而营销部、企划部，只负责制定大框架下规则。

为了提高快速应对市场的能力，韩都衣舍将公司的层级扁平化，把决策权交给一线员工。一个小组成员只有三人，一个设计师（选款师）管产品研发，另一个页面制作专员管销售，还有一个货品管理专员管库存和采购。如此，以前跨部门才能完成的工作，如今都被放到一个小组里，从而大大降低了沟通成本。

产品小组可以自己决定产品的款式、颜色、尺码、数量，包括最终定价，都是一线员工自己说了算，不需要经过任何的汇报审批。这样，就将一线员工对市场特点的了解充分发挥了出来，减少了流程，加快了进入市场的速度。

此外，韩都衣舍还将业绩和员工收入挂钩。如果产品小组决策失误，后果要自己承担。简单说，如果产品设计不合理，营销没跟上，导致产品积压，公司就要扣钱了；反过来，如果卖得特别好，公司也会发奖金。这种真金白银的激励制度，非常有效。

为了激发员工的斗志，韩都衣舍会定期给产品小组做排名，比比谁的业绩好，排名越靠前奖金就越多。从创业开始到现在，已经有了300多个小组，每天进行小组排名。每天早上10点，韩都衣舍就会把所有的小组从第1名到最后一名排出来。各小组每天都能看到其他小组的业绩，都可以看到竞争对手的数据。数据变化快，排名也不停变化，他们的状态自然也会比较紧张，效率也就比较高，进一步构成了公司的内部竞争模式。

韩都衣舍还根据小组的业绩发放奖金。奖金由组长进行分配，业绩好的小组能拿到一万元的奖金，组长留5000元，另外两人每人2500元。这种分配方式时间长了，很容易引发成员的不满。自从制定了奖金激励制度，小组和小组之间就实现了人才流动。排名最后的小组长，会被组员抛弃，但基本上不会被淘汰出局，因为公司会招到新员工。

股权真经：

韩都衣舍的小组化管理方式和激励方式，层级简单，反应快，自主性强，有利于培养领导型人才，值得借鉴。其产品小组模式的特点和激励文化主要特点有三个方面：

第一，通过产品小组的模式，将公司打造成一个内部创业平台。韩都衣舍是大平台+小前端，整个公司是一个平台，给前端的小自主经营体赋能。员工以产品为单位，利用公司资源，裂变出300多个创业型组织。这里，韩都衣舍扮演了一个孵化器和投资人的角色，将公司的资金和资源投给产品小组员工和孵化产品小组，提高公司的市场应变能力。

第二，短期奖金激励。每个产品小组独立结算，员工的收益与结果挂钩，销售额和毛利率越高，奖金越高。这样，就激活了员工的创业热情，提高了员工的工作动力。

第三，中长期股权激励。从人性的角度来说，除了短期可以看到现金之外，中长期还有个奔头。产品小组模式为公司培养了大量人才。为了留住优秀员工，韩都衣舍给予股权激励。截至 2016 年 4 月 10 日，公司已经设立四个员工持股平台，总计激励 155 人，激励股权达 5.04%。

阿米巴模式——开启真正的合伙人时代

阿米巴经营是由"经营之圣"稻盛和夫先生在实践中总结出来的经营管理体系，是他掌舵京瓷、KDDI、日航等世界级企业并创造高收益的法宝。

"阿米巴经营"基于"敬天爱人"的经营哲学和精细的部门独立核算管理，将企业划分为"小集体阿米巴"——以各个"阿米巴"为核心，自行制订计划，独立核算，持续自主成长，让核心员工成为合伙人，鼓励全员参与经营，打造出激情四射的集体，依靠全体员工的智慧和努力，完成企业的经营目标。

"阿米巴"在拉丁语中是"单个原生体"的意思，是一种"变形虫"。变形虫最大的特性是能够随外界环境的变化而变化，能不断地进行自我调整。这种生物有着极强的适应能力，在地球上存在了几十亿年，是地球上最古老、最具生命力和延续性的生物体。

在阿米巴经营方式下，企业组织也可以随着外部环境的变化而不断"变形"，进而调整到最佳状态，适应市场变化。京瓷公司就是由一个个被称为"阿米巴小组"的单位构成的。京瓷也有事业本部、事业部等部、课、系、班的阶层制，但稻盛和夫还组织了一套以"阿米巴小组"为单位的独立核算体制。

"阿米巴"指的是工厂、车间中形成的最小基层组织，也就是最小的工作单位，一个部门、一条生产线、一个班组甚至到每个员工。每人都从属于自己的阿米巴小组，每个阿米巴小组平均由十二三人组成；根据工作内容分配的不同，有的小组有50人，有的只有两三个人。每个阿米巴都是一个独立的利润中心，自行运作；每个阿米巴都集生产、会计、经营于一体，各小组间还能随意分拆与组合，公司就可以对市场的变化做出迅捷反应。

1963年，稻盛和夫和青山正道（当时京瓷本部工厂以及滋贺工厂的厂长）联合推出了"单位时间核算制度"方案。1965年，京瓷公司在正式导入"阿米巴经营"，将"单位时间核算制度"作为衡量经营状况的重要指标纳入了阿米巴经营体系。

所谓"单位时间核算制度"是指能体现单位时间里所产出的附加价值的会计体系，计算公式为：单位时间附加价值=销售额-费用（劳务费以外的原材料费等）/总劳动时间（正常工作时间+加班时间）（以生产部门为例）。

由此可见，在阿米巴经营中，阿米巴设定的目标不是成本而是生产量和附加值。阿米巴不仅进行成本管理，还想方设法把实际成本做到比标准成本更低，以最少费用实现订单，以最少的费用创造最大的价值，从而实现附加值的最大化。通过这个过程，阿米巴成了一个不断挑战的创造性团队。

换句话说，在传统的成本管理体系中，主角是产品，是物，焦点在于一个产品每道工序的成本；而在阿米巴经营中，主角是以最少费用换取最大销售额的绞尽脑汁的"人"组成的团队，焦点在于阿米巴团队创造的附加值。

通过单位时间核算制度公式，各部门、各小组，甚至某个人的经营业绩就会变得清晰透明。一般来说，大公司的员工很难对自己工作的具体成果产生实在的感觉，通常只是公司庞大系统中的一个小齿轮，无法感知到自己对公司的贡献程度。

阿米巴经营是一种全员参与型的经营体系，每位员工都要充分掌握自己所属的阿米巴组织目标，在各自岗位上为达到目标而不懈努力，实现自我。

公司会按月公布各小组每单位时间内的附加价值，各个小组当月的经营状况、每个组员及小组所创造的利润及其占公司总利润的百分比等都清晰可见。

每个小组的成绩也有高下之分，但公司并不会在工资、奖金上有差别待遇。对成绩好的小组只是做些表扬，颁赠纪念品；对经营业绩不佳的阿米巴，公司会严格追究责任。所谓"经营业绩不佳"并不会单看附加值，还会从附加值来考察经营内容。有时，单位时间附加价值较高的阿米巴干部反倒会得到低评价，如果为了自身利益，不顾及其他阿米巴员工，就会被认定为"经营业绩"不佳。

1968 年，体现稻盛和夫"敬天爱人、以心经营"思想的《京瓷哲学手册》问世；1994 年，此手册成为员工人手一本的语录。

"阿米巴经营"既提高了员工的成本意识和经营头脑，又提高了员工的职业伦理和个人素质。这两方面相辅相成促成了"阿米巴经营"这种管理方式在京瓷的成功。京瓷成功地把"阿米巴"架构上的、以联结决算为基础的纵向管理网和间接部门间横向管理网结合起来，从而得以从两方面对经营业绩进行全局把握。所以，"阿米巴经营"被誉为京瓷经营成功的两大支柱之一。

股权真经：

合伙人制度比传统的股权激励更有优越性：

首先，股权激励采取实股激励，只能激励顶层精英分子，很容易形成食利阶层，破格奋斗者文化。例如，华为的奋斗者+三级合伙人可以形成系统激励，能持续激励员工不断地努力。

其次，合伙人实行虚拟股份分配机制，不稀释股东的实际股权，而是内部发行虚拟股份激励员工。每年可以持续发行虚拟股份，可以激励更多奋斗者+合伙人。

最后，合伙人制度采取增量业绩或超额利润分红，激励员工做大蛋糕，是分享企业发展的成果，而不是坐享其成分享股东利益，更不会形成食利阶层，从而可以实现员工和企业共享、共担的利益共同体、事业共同体。

附录一 初创公司股权激励方案模板

一、激励原则

1. 个人长期利益与企业长期利益相结合原则；

2. 个人收益与企业价值增长相联系原则；

3. 个人与企业风险共担原则；

4. 激励与约束相对称原则；

5. 个人激励与团队激励相结合原则。

二、激励方式

1. 年度绩效奖金；
2. 年度股权奖励。

三、激励指标

1. 销售额指标；
2. 利润指标。

四、权利与义务

1. 股权持有人享受年度分红权、送配权等权力；

2. 股权持有人未经许可不得转让、出售、交换、抵押所持有的股权；

3. 股权持有人调离，其持有的股权可以选择继续持有或内部转让，内部转让不成，由公司按购买每股净资产现值回收；

4. 股权持有人离职，其持有的股权由公司按其认购价回收。

五、股权管理

1. 公司在董事会或执行董事会下设立薪酬委员会，薪酬委员会由股东选派 3~5 人组成，专门对股权进行管理。

2. 薪酬委员会职能如下：

（1）负责股权的管理，包括发放股权证、登记名册、净资产记账、行权登记、红利分配等；

（2）向董事会或执行董事会报告股权执行情况；

（3）在董事会或执行董事会授权下根据股权管理规则有权变更股权计划。

六、严重失职及渎职

因被考核人严重失职、渎职，致使企业经营与管理工作遭受严重影响、企业经济利益或社会声誉遭受严重损害的，经过总部相关机构认定后，在绩效考核上给予被考核人予以扣分处理，最高可扣至 0 分。

七、重要原则

经营期内，被激励人严重违纪或工作中出现重大失误，发生以下情况中的任何一项，则当期考核分数为 0 分：

1. 贪污受贿；

2. 弄虚作假；

3. 隐瞒、包庇他人损害公司利益行为；

4. 接受相关关联公司或业务单位等娱乐行为；

5. 泄露经济情报。

（注：销售额指标是指当期财务年度内的销售回款额，已售出产品但未

回收货款的不计入。)

八、附则:《中高级管理人员行为守则》

1. 反对任何形式的地域、性别、种族、民族、宗教信仰歧视。

2. 严禁发表不利于公司稳定与发展的言论。

3. 严禁泄露公司处于论证过程的项目、正在研究之中的规章制度以及尚未颁布的人事调整计划等。

4. 没有得到公司授权,严禁接受媒体采访或发表与公司有关的言论、文章。

5. 严禁向竞争企业泄露公司经营与管理信息。

6. 提倡节约,反对铺张浪费。

7. 严禁利用职务之便,谋取个人利益。

8. 禁止接受合作单位给予私人的各种馈赠,包括现金、代币购物券、股票、有价证券、高档耐用物品、金银制品等。

9. 未经组织批准或上级领导同意,禁止接受合作单位的宴请。

10. 对于在公务活动中,合作单位给予公司的优惠馈赠,不得据为己有或私自支配处理。

11. 除组织安排之外,严禁安排或接受公司内部的公款宴请。

12. 严禁利用职权或工作之便,吃、拿、卡、要,侵犯员工利益,损害公司与客户之间的关系。

13. 严禁接受下级人员的礼品(包括土特产)、礼金及有价证券;禁止参加需要下级人员付费的各种活动、提供的各种服务。

14. 严禁任何形式的性骚扰。

15. 严禁向下级员工借钱或垫支应由本人支付的各种费用。

16. 实事求是,严禁弄虚作假、欺瞒组织。

17. 提倡团结互助,反对拉帮结派及任何形式的山头主义。

附录二　娜斯股权激励管理制度

第一章　总则

第一条　为了进一步完善公司治理结构，健全公司激励机制，增强公司激励对象实现公司持续、健康发展的责任感、使命感，确保公司发展目标的实现，娜斯生基国际医疗管理股份有限公司（以下简称"娜斯"）依据《中华人民共和国公司法》以及其他有关法律、行政法规的规定，特制定《娜斯股权激励管理制度》（以下简称为"股权激励制度""管理制度"或"本制度"）。

第二条　本制度适用范围为娜斯生基国际医疗管理股份有限公司。

第三条　本制度由公司薪酬与考核委员会拟定，经公司董事会审核，由股东会批准实施。

第四条　制定本制度的目的：

1. 倡导个体与公司共同持续发展的理念，促进公司长期稳定发展；

2. 通过实现股东、公司和个人利益的一致，维护股东权益，为股东带来持续的回报；

3. 帮助经营管理层有效平衡短期目标与长期目标；

4. 吸引与保留优秀管理人才、业务和技术骨干；

5. 鼓励并奖励业务创新和开拓进取行为，增强公司的竞争力。

第五条　制定本制度所遵循的基本原则：

1. 共同目标，"娜斯"整体利益最大化；

2. 公平、公正、公开；

3. 激励与约束相结合；

4. 价值共创，利益共享，风险共担；

5. 动态原则；

6. 兼顾过去，面向未来和发展。

第二章　决策、管理与执行机构

第六条　决策机构。公司股东会是公司股权激励制度的最高决策机构，负责以下事项：

1. 批准《股权激励方案》《股权激励管理制度》；

2. 变更、终止《股权激励方案》《股权激励管理制度》。

第七条　管理机构。公司董事会负责公司股权激励事项的决策和管理，具体包括以下事项：

1. 审议《股权激励方案》《股权激励管理制度》，并报股东会批准；

2. 批准《股权激励方案》或《股权激励计划》及其变更、终止；

3. 任命和撤换薪酬与考核委员会委员。

第八条　执行机构。公司董事会下设专门的机构——薪酬与考核委员会，负责以下事项：

1. 根据《股权激励管理制度》，拟订、变更《股权激励方案》或《股权激励计划》，并报董事会审核；

2. 依据《股权激励管理制度》《股权激励方案》或《股权激励计划》，负责股权激励的日常管理工作；

3. 负责对激励对象额度分配提议、公司目标制定及评价、个人目标评价及排名；

4. 向公司董事会报告股权激励实施的工作情况。

第九条　公司监事负责对公司《股权激励方案》或《股权激励计划》的实施进行监督。

第三章　股权激励的对象

第十条　本制度的股权激励范围：

1. 公司级部门经理以上关键岗位，其基本条件：入职半年以上，并通过试用期考核。

2. 业务团队。事业部总经理及部门经理。

(注：所有激励对象均由娜斯薪酬与考核委员认定，董事会批准。)

第十一条　有下列行为者不能成为本制度激励对象或取消权益（此条作为否决条件）：

1. 严重违反公司价值观和规章制度；

2. 受贿、索贿，侵占、盗窃公司财务；

3. 泄露公司经营和技术机密；

4. 违反竞业禁止规定；

5. 严重损害公司利益和声誉的其他行为；

6. 《中华人民共和国公司法》第一百四十七条规定的任一情形。

第十二条　激励对象承诺。如在本制度实施过程中，激励对象出现第十一条规定的情况之一，公司可立即取消其依据本制度规定的所有权利，并不获得任何补偿。

第四章　股权激励模式

第十三条　股权激励人员采用在职分红股（即虚拟股份），采用一三五方式，即一年授股，三年考评并分红，锁定两年，五年转为注册股，在职分红股受股方式为赠送。其中，人员首次在职分红股总比例为20%，具体比例由总经理确定，各人员具体额度由薪酬与考核委员会提议，董事会决定。

第十四条　股权激励对象的范围及名单，须经过董事会批准，具体的注册股执行计划，由董事会决定实施计划。

第十五条　股份考核与锁定。

待注册股按照各职位的《在职分红考核表》的要求进行考核，考核周期为 2018~2020 年。

第十六条 2017~2018 年度为待注册股实际数量的锁定期。

第十七条 股份注册：

1. 根据待注册股的实际数量在 2017 年 8 月以前完成注册。

2. 股份价格。每股股价＝公司净资产/总股本。

3. 注册时间。锁定期完成后半年内完成注册。

第十八条 当考核期未结束或锁定期未结束时，公司准备上市，则按照已经完成的考核计算。

第十九条 注册方法。

本公司采用买一送一的方式，按照注册股份时候的每股股价进行注册。

第五章 在职分红股（虚拟股份）

第二十条 在职分红股激励，又称为虚拟股份激励，是指公司股东通过股东会或董事会与激励对象约定，在激励对象工作达到约定业绩时，激励对象享有按约定股数分享公司红利的权利。

第二十一条 从本质上来讲，在职分红股激励属于企业股东采用附加条件赠予的方式，在一定期限内让渡部分剩余索取权，而非完整意义上的股权。

第二十二条 持有在职分红股（虚拟股份）人员享有的权利如下：

1. 在职分红股。已经确定授予激励对象的虚拟股份产生的分红归个人所有。

2. 表决权。无表决权。

3. 转让权。无转让权和继承权，离开企业后自动丧失。

第二十三条 在职分红股的分红：

1. 考核期内岗位在职分红股分红及考核当年的在职分红股总分红，岗位在职分红股的分红；考核当年的在职分红股总分红。

2. 锁定期内待注册股的分红，不用考核，等于股东分红；锁定期内待注册股的分红。

第二十四条　在职分红股的考核：

1. 在职分红股的考核照各职位的《在职分红考核表》的要求进行考核（见附件）。

2. 根据考核结果计算在职分红股的实际股数。

第二十五条　利润分配机制：

1. 甲方每年利润的 70% 留用于企业的发展；

2. 甲方每年利润的 30% 作为可分配利润，用于注册股和在职分红股的分红；

3. 甲方支付乙方各年获得的分红原则：为体现甲方对乙方服务年限延长的鼓励和甲乙方利益的和谐统一，甲方对支付乙方的实际分红根据乙方考核期开始年度和以后年度分别按以下方式计算（公式中以 N 为乙方服务考核年度第一年）：

（1）考核期第 N 年度实际分红 = 考核期第 N 年度考核分红基数×50%。

（2）考核期第 N+1 年度实际分红 = 考核期第 N 年度考核分红基数×30% + 考核期第 N+1 年度考核分红基数×50%。

（3）考核期第 N+2 年度实际分红 = 考核期第 N 年度考核分红基数×20% + 考核期第 N+1 年度考核分红基数×30% + 考核期第 N+2 年度考核分红基数×50%。

（4）考核期第 N+3 年度实际分红 = 考核期第 N+1 年度考核分红基数×20% + 考核期第 N+2 年度考核分红基数×30% + 考核期第 N+3 年度考核分红基数×50%。

（5）考核期第 N+4 年度实际分红 = 考核期第 N+2 年度考核分红基数×20% + 考核期第 N+3 年度考核分红基数×30% + 考核期第 N+4 年度考核分红基数×50%。

（6）以后年度考核依据 N+3、N+4 年度计算公式类推。

第二十六条 甲方应于每考核年度财务报表对外报出前根据未审计数据对应支付乙方分红数额进行预计，并于次年六月前根据经审计数据计算实际分红数额并足额支付给乙方。在乙方待注册股未注册之前，乙方自愿将未注册之前年度实际分红的 20% 由甲乙方共同确认的第三人统一存放，作为今后乙方支付注册股的股金的一部分。

第六章 在职分红股的动态及转换机制

第二十七条 在职分红股，如遇升职或降职，相应增加或减少在职分红股，以保持动态。

第二十八条 在职分红股转换为注册股的条件：

1. 符合在职分红股条件，并按规定超过锁定期时间后；

2. 按《在职分红考核表》要求，达到相应条件；

3. 须经董事会批准。

第二十九条 参与在职分红股如遇人员变动，则在职分红股比例由薪酬与考核委员会提议，董事会批准。

第三十条 在职分红股转换为注册股，按照价值相当的原则，仍采取购买+赠送的方式。

第三十一条 退出机制：

1. 因主动辞职、辞退、退休、病故、因公殉职，在职分红股自动丧失。

2. 因违反否决条件，当发生时，立即取消在职分红股。

第七章 注册股

第三十二条 注册股是指激励对象出资购买的股份。该股份具有完全意义上的股份，即具有在职分红股、投票权、决策权、转让权。

第三十三条 注册股注册：

1. 首次实施注册股激励，由注册股激励对象出资购买，公司所有股东同比例稀释，具体名单由董事会批准。

2. 具体由董事会审议，股东会决定。

第三十四条　受股方式。实施注册股激励，采取受股的方式为激励对象购买一半，大股东赠送一半。

第三十五条　资金来源。注册股激励对象可向大股东进行无息借款，每年奖金部分和注册股分红用于偿还借款（3~4 年还清）。

第三十六条　偿还借款。激励对象先抵扣一部分奖金（不低于奖金的30%）偿还借款，再用分红偿还借款。如有急需用款，可向大股东申请奖金部分。

第八章　动态机制

第三十七条　激励对象成为注册股股东后，其股份仍须保持动态，即根据其职位变化、业绩和贡献大小，实行动态股份（如遇升职，则增持股份，如遇降职，则须减持股份）。

第三十八条　若注册股股东主动减持股份，则由原有股东优先回购，回购价格为回购时的每股净资产价格的六折。

第三十九条　因各种原因，退出股东的股份，将由大股东优先购买，反则其余股东按各自股份比例承担回购比例。回购价格或退还比例详见退出机制。已退出的股份不享有股权的一切权益（包括在职分红股）。

第四十条　由于其他原因，股东之间的需要进行股份转让则按照《公司法》有关规定执行即可。

第四十一条　由于股份出售或转让产生的相关税费由该出让股份的激励对象个人承担。

第四十二条　如遇升职，任新职位期满 2 年后，重新评估职位价值、业绩或贡献、能力，则相应增加其注册股股份。其股份来源：首先考虑原有股东减持的股份，再考虑大股东转让或赠送股份。本动态机制须体现在新《公司章程》中，具有强制约束力和法律效力。

第九章　退出机制

第四十三条　退出机制分为主动辞职、辞职、降职、退休、病故、因公殉职、违反否决条件等情况。

第四十四条　具体退出时间、退出时处理方法见下表：

项目 类别	退出时间	赠送部分 退还比例	实际已购 买部分退 还比例	备注
主动辞职	T≤3 年	原值的 0%	退还 60%	1. 当主动辞职和被辞退时，锁定退出时的上一个季度的净资产价格和额度，同时注销股东名字，其退股资金分三年退还，每年退出 1/3。 2. 主动辞职和被辞退三年之内，若做出损害公司利益的事情，则扣罚其退股股金，具体扣罚额度由董事会决定。 3. 辞退条件：根据否决条件由董事会决定
	3 年<T≤4 年	原值的 20%		
	4 年<T≤5 年	原值的 50%		
	5 年<T≤6 年	原值的 80%		
	6 年<T≤7 年	原值的 100%		
	T>7 年	（原值+增值）的 60%		
被辞退	T≤3 年	原值的 0%	退还 60%	
	3 年<T≤4 年	原值的 20%		
	4 年<T≤5 年	原值的 30%		
	5 年<T≤6 年	原值的 40%		
	6 年<T≤7 年	原值的 60%		
	T>7 年	（原值+增值）的 40%		

续表

项目 类别	退出时间	赠送部分 退还比例	实际已购 买部分退 还比例	备注
降职	T≤3 年	原值的 0%	退还 60%	1. 降职后，根据新的职位价值评估需要减持的股份，其中赠送部分退还比例和购买部分退还比例见本表。 2. 退休后须减持或转让至少 20% 的股份，但可保留一定的股份，具体比例由董事会决定。 3. 退休后不能在竞争对手公司任职，或成立同行业公司。 4. 退休后的股权，可以指定约定继承人继承，并报经董事会备案。 5. 退休后返聘者，可继续保留原股份。 6. 退休年龄：男 65 岁，女 60 岁
	3 年<T≤4 年	原值的 20%		
	4 年<T≤5 年	原值的 40%		
	5 年<T≤6 年	原值的 60%		
	6 年<T≤7 年	原值的 80%		
	T>7 年	（原值+增值）的 60%		
退休	到达退休年龄时	（原值+增值）的 80%	退还 80%	
病故	T≤1 年	原值的 0%	退还 60%	1. 如果选择股权继承，即不退出，由预先约定的继承人继承。 2. 如果选择退出股权，其退出比例，由继承人自行决定，则按照本表格规定执行。 3. 如果继承人未达到法定年龄，则由法定监护人决定
	1 年<T≤2 年	原值的 25%		
	2 年<T≤3 年	原值的 50%		
	3 年<T≤5 年	原值的 75%		
	T>5 年	原值的 100%		
	发生时	原值的 100%		
因公殉职			退还 60%	
违反否决条件	发生时	原值的 0%	退还 30%	1. 若激励对象违反否决条件，一经发现，则必须强行退出，退出比例按照本表格规定执行。 2. 若对公司经济利益侵害严重，公司可保留法律追索权

备注：

1. T 为实施股权激励后，即成为注册股股东后到退出的时间。

2. 赠送部分包括原值和增值部分，实际已购买部分包括原值和增值部分。

第四十五条　本退出机制须体现在新《公司章程》中，具有强制约束力和法律效力。

第四十六条　如有本退出机制进行修订，须经董事会审议，股东会批准。

第十章　其他特别规定

第四十七条　当公司发展到一定规模和程度时，如需引进战略投资者、溢价出售公司或上市时，则股权的处理方式为由股东会审议通过有关决议。

1. 若公司为发展需要引进战略投资者，则同比例稀释股份。

2. 若遇到溢价收购公司时，则董事会审议，股东会决定（赠送的部分3年之内50%，3~5年70%，5年以上100%；购买的部分为100%）。

3. 若公司上市，则无论是购买的股份，还是赠送的股份均享有同原大股东同等待遇。

第四十八条　当公司破产或清算时，则按照《公司法》有关规定执行。

第四十九条　本特别规定须体现在新《公司章程》中，具有强制约束力和法律效力。

参考文献

1. 刘世英. 马云的坎 ［M］. 北京：中华工商联合出版社，2012.

2. ［法］夏尔·阿列克西·德·托克维尔. 论美国的民主 ［M］. 董果良译. 北京：商务印书馆，1988.

3. 段磊，周剑. 分股合心：股权激励这样做 ［M］. 北京：中华工商联合出版社，2016.

4. 仲继银. 董事会与公司治理 ［M］. 北京：中国发展出版社，2009.

5. 其他资料来源：网络渠道的最新资讯.

后　记

　　股权资本是企业依法取得并长期拥有，自主调配运用的资本。这是股权资本最为重要的属性。企业通过股权让渡，就是让员工能在生命中的一个阶段（极有可能是黄金阶段），专注于一个事业、一个目标，付出自己的智力、情感、社会资源，共同创造梦想。

　　股权让渡涉及分钱、分权、分天下，这在一定程度上考验一个老板在面对金钱时的态度和是否具备关怀员工的胸怀。对于员工而言，企业取得成功并能分享企业成长的价值也是人生价值的极大体现。许多大公司之所以能够成为商界传奇，其中一个重要的原因就在于这些企业对股权资本的深刻理解和恰当运用。

　　作为企业老板的你，能做到、做好股权让渡吗？能发挥股权资本的威力吗？